武汉纺织大学学术著作出版基金资助出版

高校科研实验室安全管理及案例分析

郭启浩 著

中国纺织出版社有限公司

内 容 提 要

《高校科研实验室安全管理及案例分析》全面且系统地阐述了高校科研实验室安全管理的关键问题，涵盖安全法规与标准，如国内法及国际系列标准，详述安全管理体系，包括组织架构、制度建设与人员培训。深入分析物理、化学、生物等方面的危险因素及评估方法，介绍防护设施与设备，如个人防护装备、通风系统和消防设施等，明确各类实验安全操作规范及应急预案制定与演练，通过多类型实验室事故案例，剖析原因、汲取教训并提出改进措施。还探讨了智能化管理、可持续发展与国际合作等未来趋势，为高校实验室安全管理提供全方位指导，助力提升安全水平，保障科研教学安全开展。

图书在版编目（CIP）数据

高校科研实验室安全管理及案例分析 / 郭启浩著.
北京：中国纺织出版社有限公司，2025.5. -- ISBN 978-7-5229-2641-4

Ⅰ. G642.423

中国国家版本馆CIP数据核字第2025LQ1151号

责任编辑：刘梦宇　　责任校对：王蕙莹　　责任印制：储志伟

中国纺织出版社有限公司出版发行
地址：北京市朝阳区百子湾东里 A407号楼　邮政编码：100124
销售电话：010—67004422　　传真：010—87155801
http://www.c-textilep.com
中国纺织出版社天猫旗舰店
官方微博 http://weibo.com/2119887771
河北延风印务有限公司印刷　各地新华书店经销
2025年5月第1版第1次印刷
开本：710×1000　1/16　印张：12.5
字数：170千字　定价：89.00元

凡购本书，如有缺页、倒页、脱页，由本社图书营销中心调换

前 言
PREFACE

在当今高等教育与科研创新蓬勃发展的时代背景下，高校科研实验室作为知识探索与科技创新的核心阵地，其重要性不言而喻。然而，近年来实验室安全事故频发，给师生的生命健康、科研成果以及学校的声誉与财产都带来了巨大的损失。这些惨痛的教训深刻地揭示了强化高校科研实验室安全管理的紧迫性与必要性。

本书旨在全面、系统地阐述高校科研实验室安全管理的理论、方法与实践经验，通过丰富的案例分析为读者提供直观、深入的见解与借鉴。从实验室安全管理的基本概念与重要性出发，本书详细探讨了安全管理的各个关键环节，包括安全管理制度的构建与完善、人员的安全培训与教育、危险化学品的安全管理、实验设备的安全操作与维护、消防安全与应急处置等。

在案例分析部分，本书精心选取了涵盖不同类型实验室、不同安全事故类型的众多真实案例。每个案例均从事故经过、原因剖析、事故教训以及相应的预防措施与改进建议等方面进行深入解读。这些案例犹如一面镜子，让读者清晰地看到安全管理漏洞可能引发的严重后果，从而深刻认识到严格遵循安全规范与标准的重要性。

本书编写过程中，充分参考了国内外最新的实验室安全管理研究成果与相关法规标准，结合了众多高校科研实验室一线管理人员与科研人员的实践经验。无论是从事实验室管理工作的专业人员、开展科研实验的教师与学生，还是负责科研管理与安全监督的相关部门工作人员，都能从本书中获取有价值的信息与指导，助力提升高校科研实验室的安全管理水平，为科研创新活动的顺利开展筑牢坚实的安全防线。

希望本书能够成为高校科研实验室安全管理领域的实用指南与参考资料，为营造安全、有序、高效的科研实验环境贡献一份力量，推动高校科研事业在安全保障的前提下稳健发展。

郭启浩
2024 年 12 月

目 录
CONTENTS

第一章　绪论 ··· 001
　　第一节　实验室安全的重要性 ··· 002
　　第二节　实验室安全管理的目标和原则 ····························· 004

第二章　实验室安全法规与标准 ··· 007
　　第一节　国内实验室安全法规 ··· 008
　　第二节　国际实验室安全标准 ··· 013
　　第三节　行业特定实验室安全规范 ··································· 019

第三章　实验室安全管理体系 ·· 027
　　第一节　安全管理组织机构 ·· 028
　　第二节　安全管理制度建设 ·· 035
　　第三节　安全教育与培训 ··· 045

第四章　实验室危险因素识别与风险评估 ····························· 061
　　第一节　物理危险因素 ·· 062
　　第二节　化学危险因素 ·· 069
　　第三节　生物危险因素 ·· 077
　　第四节　风险评估方法与流程 ··· 083

第五章　实验室安全防护设施与设备 ··································· 089
　　第一节　个人防护装备 ·· 090

第二节　通风系统 ……………………………………………………… 094

第三节　消防设施 ……………………………………………………… 101

第六章　实验室安全操作规范 ………………………………………… 107

第一节　通用实验安全操作 …………………………………………… 108

第二节　化学实验安全操作 …………………………………………… 114

第三节　生物实验安全操作 …………………………………………… 120

第四节　物理实验安全操作 …………………………………………… 127

第七章　实验室安全应急预案 ………………………………………… 135

第一节　应急预案的制定原则与流程 ………………………………… 136

第二节　常见事故应急处理 …………………………………………… 141

第三节　应急演练的组织与实施 ……………………………………… 151

第八章　实验室安全管理案例分析 …………………………………… 157

第一节　化学实验室安全事故案例 …………………………………… 158

第二节　生物实验室安全事故案例 …………………………………… 162

第三节　物理实验室安全事故案例 …………………………………… 165

第九章　未来实验室安全管理趋势 …………………………………… 169

第一节　智能化安全管理系统的应用 ………………………………… 170

第二节　可持续发展与实验室安全的结合 …………………………… 173

第三节　国际合作与交流对实验室安全的推动 ……………………… 175

附录 ……………………………………………………………………… 179

附录 1　实验室常用安全标识及使用规范 …………………………… 180

附录 2　具有致癌性的危化品清单《危险化学品目录》…………… 183

第一章

绪论

第一节　实验室安全的重要性

实验室是高校实验教学的重要基地，是师生进行科学研究的场所，实验室在高校的学科建设、人才培养方面起着举足轻重的作用。实验室安全是教育科研事业不断发展、学生健康成长的基本保障，是校园安全稳定的重要基础。随着国家一流本科专业建设"双万计划"的实施，国家对高校实验室投入经费的加大，实验室的硬件设施不断得到改善。目前，高校的人才培养模式正在由单一型转向复合型，综合性与开放性成为新时期实验室的特点，实验室安全面临新挑战，实验室的安全建设显得尤为重要。

一、保障人员生命安全

实验室中常常涉及各种危险物质和操作，如化学试剂、高温高压设备、电气装置等。有效的安全管理可以降低这些潜在危险因素引发事故的概率，避免实验人员遭受烧伤、中毒、爆炸、触电等伤害。例如，在化学实验室中，如果对危险化学品的储存、使用和处置不当，可能会发生泄漏、爆炸等事故，严重威胁实验人员的生命安全。而通过严格的安全管理措施，如分类储存、正确操作、配备防护设备等，可以大大降低此类事故的发生风险。

即使在采取了各种预防措施的情况下，意外情况仍有可能发生。高效的实验室安全管理包括制定完善的应急预案和进行定期的应急演练，确保在紧急情况下实验人员能够迅速、正确地应对，最大限度地减少人员伤亡。例如，当实验室发生火灾时,实验人员如果熟悉应急预案,知道如何使用灭火器、消防栓等消防设备,以及如何安全疏散,就可以在很大程度上保障自己的生命安全。

二、保护财产和设备安全

实验室中的仪器设备通常价值昂贵,而且对于科研和教学工作至关重要。安全管理可以避免由事故导致的设备损坏,减少经济损失。例如,电气事故可能会烧毁精密仪器,化学泄漏可能会腐蚀设备。通过规范电气使用、妥善储存化学品等安全措施,可以保护设备免受损坏。

实验室所在的建筑物也可能因安全事故而遭受严重破坏。高效的安全管理可以防止火灾、爆炸等事故对建筑结构造成的破坏,减少维修和重建的费用。例如,化学实验室中的爆炸可能会破坏实验室的墙体、门窗等结构,甚至影响整个建筑物的安全。严格的安全管理可以降低这种风险。

三、确保实验数据的准确性和可靠性

安全的实验环境可以减少干扰因素,确保实验结果的准确性和可靠性。如果实验室发生安全事故,可能会导致实验中断、数据丢失或污染,影响科研和教学工作的进度和质量。例如,在生物实验室中,如果发生微生物污染,可能会使实验结果完全无效。而严格的无菌操作和安全管理可以避免这种情况的发生。

安全事故不仅会对实验室内部造成影响,还可能损害实验室的声誉。高效的安全管理可以为实验室树立良好的形象,吸引更多的科研项目和优秀人才,促进实验室的持续发展。例如,如果一个实验室频繁发生安全事故,可能会被相关部门责令整改,甚至暂停其科研活动,这将对实验室的发展产生严重的负面影响。

第二节　实验室安全管理的目标和原则

一、目标设定

（一）保障人员安全

确保实验室工作人员、学生及其他进入实验室的人员免受物理、化学、生物等各种危险因素的伤害。这包括防止意外事故如火灾、爆炸、中毒、触电、机械伤害等，以及长期接触有害物质可能导致的慢性疾病。例如，在化学实验室中，通过提供适当的个人防护设备（如护目镜、手套、实验服等），进行安全培训和规范操作流程，可以有效降低化学试剂对人员的危害。

（二）保护财产安全

防止实验室的设备、仪器、试剂、样品等财产遭受损失。这不仅包括直接的物理损坏，还包括由安全事故导致的财产价值降低或无法使用。例如，在电气实验室中，合理规划电气线路，安装过载保护装置和接地系统，可以减少电气故障引发的火灾风险，从而保护昂贵的实验设备。

（三）确保环境安全

防止实验室活动对周围环境造成污染和破坏。这包括妥善处理实验室废弃物，控制有害物质的排放，以及预防实验室事故对外部环境的影响。例如，生物实验室需要对含有病原体的废弃物进行严格的消毒和处理，以防止病原体扩散到环境中。

（四）保证实验数据的准确性和可靠性

安全的实验环境有助于减少干扰因素，确保实验结果的准确性和可靠性。

同时，防止因安全事故导致实验数据丢失或损坏。例如，在精密仪器实验室中，稳定的电源供应、合适的温度和湿度控制以及防止电磁干扰等安全措施，可以保证仪器的正常运行和实验数据的质量。

二、原则阐述

（一）预防为主

强调在实验室活动中采取积极的预防措施，以避免安全事故的发生。这包括风险评估、安全培训、设备维护、环境监测等方面的工作。例如，在进行新的实验项目之前，对实验过程中可能存在的风险进行评估，并制定相应的预防措施；定期对实验设备进行维护和检查，确保其处于良好的运行状态。

（二）责任明确

明确实验室安全管理的责任主体，确保每个人都清楚自己在安全管理中的职责和义务。这包括实验室负责人、安全管理人员、实验人员等。例如，实验室负责人对实验室的安全工作全面负责，制定安全管理制度和应急预案，并监督执行；实验人员在进行实验操作时，必须遵守安全规定，对自己和他人的安全负责。

（三）全员参与

实验室安全管理需要全体人员的共同参与和努力。每个人都应该增强安全意识，积极参与安全培训和安全活动，遵守安全规定，发现安全隐患及时报告。例如，组织全体实验人员参加安全知识讲座和应急演练，提高大家的安全意识和应急处理能力；设立安全奖励机制，鼓励大家积极参与安全管理工作。

（四）持续改进

实验室安全管理是一个不断完善和改进的过程。通过对安全事故的分析和总结，以及对安全管理工作的评估和反馈，及时发现问题并采取措施加以改进。例如，在发生安全事故后，组织相关人员进行调查分析，找出事故原因制定改进措施，并对安全管理制度和操作规程进行修订；定期对实验室安全管理工作进行评估，不断提高安全管理水平。

第二章
实验室安全法规与标准

第一节　国内实验室安全法规

一、《安全生产法》相关条款解读

《中华人民共和国安全生产法》（以下简称《安全生产法》）是为了加强安全生产工作，防止和减少生产安全事故，保障人民群众生命和财产安全，促进经济社会持续健康发展而制定的法律。以下是对其主要内容的解读。

（一）总则

指导思想与方针：安全生产工作坚持中国共产党的领导，坚持人民至上、生命至上，把保护人民生命安全摆在首位，树牢安全发展理念，坚持安全第一、预防为主、综合治理的方针，从源头上防范化解重大安全风险。这明确了安全生产的重要地位和基本理念，为安全生产工作提供了根本遵循。

责任机制：明确了生产经营单位负责、职工参与、政府监管、行业自律和社会监督的机制。强调各方面都应承担起相应的安全生产责任，形成全社会共同参与、共同监管的格局。

适用范围：在中华人民共和国领域内从事生产经营活动的单位的安全生产，适用本法；有关法律、行政法规对消防安全和道路交通安全、铁路交通安全、水上交通安全、民用航空安全以及核与辐射安全、特种设备安全另有规定的，适用其规定。

（二）关于生产经营单位的安全生产保障

责任体系方面：明确生产经营单位的主要负责人是本单位安全生产第一责任人，对本单位的安全生产工作全面负责，其他负责人对职责范围内的安全生产工作负责。这强调了生产经营单位从上到下各级管理人员都应承担相应的安全生产责任，避免责任不清、互相推诿的情况。

安全投入方面：生产经营单位应加大对安全生产资金、物资、技术、人员的投入保障力度。例如，企业需要购置符合安全标准的设备、为员工配备必要的防护用品、定期对设备进行维护和检测等，确保安全生产的物质基础。

制度建设方面：生产经营单位需健全并落实全员安全生产责任制、安全风险分级管控和隐患排查治理双重预防机制，加强安全生产标准化、信息化建设。这要求企业不仅要制定完善的安全生产规章制度，还要确保制度能够得到有效执行，及时发现和消除安全隐患。

（三）关于从业人员的安全生产权利义务

知情权：生产经营单位的从业人员有权了解作业场所和工作岗位存在的危险因素、防范措施及事故应急措施。这保障了从业人员的基本权利，使他们能够清楚地知道工作中可能面临的安全风险，以便采取相应的防护措施。例如，在化工企业工作的员工，有权知道所接触的化学品的危险性以及相应的防护方法。

建议权：从业人员有权对本单位的安全生产工作提出建议。这鼓励从业人员积极参与企业的安全生产管理，发挥他们的主观能动性，共同提高企业的安全生产水平。企业应当重视和尊重从业人员的意见和建议，并对合理的建议予以采纳。

遵守规定的义务：从业人员在作业过程中，应当严格落实岗位安全责任，遵守本单位的安全生产规章制度和操作规程，服从管理，正确佩戴和使用劳动防护用品等。

(四)关于安全生产的监督管理

政府部门的监管职责:明确了各级政府及有关部门在安全生产监督管理方面的职责,强调"管行业必须管安全、管业务必须管安全、管生产经营必须管安全"。例如,应急管理部门负责综合监管,交通运输部门负责交通运输行业的安全监管,住建部门负责建筑施工行业的安全监管等。

监管部门的监督检查职权:监管部门有权对生产经营单位进行监督检查,生产经营单位应当配合。监管部门在检查过程中要依法依规进行,不得滥用权力。同时,对于检查中发现的问题,要及时提出整改要求,并跟踪整改情况。

(五)关于生产安全事故的应急救援与调查处理

应急救援方面:生产经营单位应当制定生产安全事故应急救援预案,并定期组织演练。发生事故后,要立即采取相应的应急救援措施,减少人员伤亡和财产损失。例如,矿山企业要建立井下救援队伍,配备必要的救援设备;化工企业要制定泄漏事故的应急处置方案等。

事故调查处理方面:事故调查处理应当按照科学严谨、依法依规、实事求是、注重实效的原则,及时、准确地查清事故原因,查明事故性质和责任,评估应急处置工作,总结事故教训,提出整改措施,并对事故责任单位和人员提出处理建议。

关于法律责任:加大了对生产经营单位违法行为的惩处力度,罚款金额更高、处罚方式更严、惩戒力度更大。例如,对于发生生产安全事故的单位,罚款数额大幅提高;对于拒不整改的单位,可责令停产停业整改整顿,并按日连续计罚。

对相关责任人的处罚:生产经营单位的主要负责人、个人经营的投资人等相关责任人,在发生特定违法行为时,将给予相应的罚款等处罚。同时,对于构成犯罪的,将依照刑法有关规定追究刑事责任。

二、《危险化学品安全管理条例》在实验室的应用

（一）责任落实方面

明确责任主体：实验室所属单位是危险化学品安全管理的责任主体。例如，高校的实验室，学校就是责任主体；企业的研发实验室，所属企业为责任主体。单位的主要负责人对本单位实验室的危险化学品安全管理工作全面负责，分管安全工作的负责人担负组织协调和综合监管责任，而实验室要有专职管理人员具体负责危险化学品的日常管理，确保危险化学品随时处于可管、可控、可查的状态。

建立责任体系：实验室内部要建立健全危险化学品安全管理责任体系，将具体的安全管理任务和责任落实到每一个岗位和人员，形成全员参与、各负其责的管理格局。

（二）采购管理方面

资质审核：实验室只能向具有危化品生产经营许可资质的单位购买危险化学品。购买前要严格审核供应商的资质，确保其合法合规经营，所供应的危险化学品质量合格、来源可靠。

限量采购：实验室应根据实际需求，在保障实验正常进行的前提下，从严控制危险化学品的采购量，避免过多危险化学品在实验室储存，降低安全风险。

审批手续：对于一些特殊的危险化学品，如易制毒化学品、易制爆化学品等，购买时要严格按照相关规定办理审批手续。例如，易制毒化学品的购买，需按照《易制毒化学品管理条例》的要求，向具有相应生产经营许可资质的单位购买，并经过相关部门审批。

（三）储存管理方面

专用仓库与设施：危险化学品需储存在专用仓库或储存柜中，专用仓库应

当符合国家标准、行业标准的要求。仓库或储存柜要配置相应的消防设施、防盗防破坏设施以及通风、降温、防潮等设备，保证危险化学品的储存安全。

分类存放：危险化学品要按照其性质进行分类存放，相互之间保持安全距离。例如，易燃品要与氧化剂分开存放；遇火、遇潮容易燃烧、爆炸或产生有毒气体的危险化学品不得在露天、潮湿、漏雨或低洼容易积水地点存放；化学性质或防护、灭火方法相互抵触的危险化学品，不得在同一仓库或同一储存室存放。

标志与标签：危险化学品存放地点应有明显的标志，便于识别和管理。化学品包装物上要有符合规定的化学品标签，标签应载明化学品的名称、危险特性、防护措施、应急处置方法等信息，如标签脱落、模糊、腐蚀后应及时补上。

双人收发、保管：对于剧毒化学品、易制毒品等特殊危险化学品，要实行双人收发、双人保管制度，建立双把锁、双本账，确保危险化学品的储存安全。

（四）使用管理方面

操作规程制定：实验室要制定危险化学品的操作规程，明确使用方法、操作步骤、注意事项等，操作人员必须严格按照操作规程进行操作。例如，在使用强酸、强碱等腐蚀性危险化学品时，要注意正确的稀释方法和防护措施；在使用易燃、易爆危险化学品时，要避免明火和静电等。

人员培训与资格要求：从事危险化学品实验的人员应接受安全技术培训，熟悉本岗位的安全操作方法和危险化学品的危险特性、防护措施、应急处置方法等知识。对于有资格要求的岗位，如危险化学品的储存管理、运输等，应当配备依法取得相应资格的人员。

实验过程监管：在实验过程中，要加强对危险化学品使用情况的监管，确保操作人员正确使用危险化学品，避免违规操作和误操作。同时，要控制实验过程中的危险化学品用量，减少不必要的排放和浪费。

（五）应急管理方面

应急预案制定：实验室要根据危险化学品的种类、数量、危险特性以及可能发生的事故类型，制定相应的应急预案。应急预案应包括事故应急组织机构、应急救援人员、应急救援设备和物资、应急处置流程、应急通讯联络等内容。

应急演练：定期组织应急演练，使实验室人员熟悉应急预案的内容和应急处置流程，提高应急反应能力和事故处理能力。应急演练要根据实际情况不断进行总结和改进，确保应急预案的有效性和可操作性。

事故报告与处理：一旦发生危险化学品事故，要立即按照应急预案进行处理，组织救援，同时报告实验室所属单位的相关管理部门。在事故处理过程中，要注意保护现场，配合有关部门进行事故调查和处理。

（六）废弃物处理方面

分类收集：实验室要对危险化学品废弃物进行分类收集，按照不同的危险特性和处理要求，分别存放于相应的收集容器中。例如，酸性废弃物、碱性废弃物、有机废弃物等要分开收集，避免混合产生危险反应。

合法处置：实验室产生的危险化学品废弃物必须按照国家有关规定进行合法处置，严禁随意丢弃、倾倒或排放。一般情况下，要委托具有相关资质的单位进行处理，并签订废弃物处理协议，明确双方的责任和义务。

第二节　国际实验室安全标准

一、ISO 系列标准介绍

（一）ISO 15190:2020《医学实验室　安全要求》

1. 范围

适用于医学实验室，规定了建立和维护安全工作环境的要求，确保实验室人员、患者及周围环境的安全。

2. 主要内容

安全管理体系：包括制定安全政策、明确管理职责、建立安全培训制度等，以保证实验室安全管理的系统性和有效性。例如，要求实验室设立专门的安全管理岗位，负责监督和执行安全措施。

危险识别与风险评估：实验室需要识别各种潜在的危险，如生物危害、化学危害、物理危害等，并进行风险评估，确定风险等级，以便采取相应的控制措施。比如，对于使用的有毒化学试剂，要评估其泄漏、爆炸等风险。

安全设施与设备：规定了实验室应具备的安全设施和设备，如消防设备、通风系统、紧急淋浴和洗眼装置等，并且要定期维护和检查，确保其处于良好的工作状态。

个人防护装备：明确了实验室人员应根据不同的工作场景和危险程度，正确选择和使用个人防护装备，如手套、护目镜、防护服等。

（二）ISO/IEC 17025:2017《检测和校准实验室能力认可准则》

1. 范围

适用于所有从事检测和校准活动的实验室，虽然不是专门针对安全管理的标准，但其中包含了与实验室安全相关的要求。

2. 主要内容

设施和环境条件：要求实验室具备满足检测和校准工作需要的设施和环境条件，这也包括了安全方面的考虑。例如，实验室的布局应合理，能够避免交叉污染和安全事故的发生；对于有特殊环境要求的实验区域，如恒温恒湿、防静电等，要进行相应的控制。

设备管理：实验室的设备应定期维护和校准，以确保其性能和安全性。对于存在安全隐患的设备，要及时进行维修或淘汰。

人员管理：强调实验室人员应具备相应的专业知识和技能，包括安全知识和操作技能，以保证实验过程的安全。

（三）ISO 9001:2015《质量管理体系 要求》

1. 范围

适用于各种类型和规模的组织，实验室作为一种组织形式也可以应用该标准。虽然该标准主要关注质量管理，但其中的一些原则和方法对实验室安全管理也有借鉴意义。

2. 主要内容

过程方法：通过识别和管理实验室的各项活动过程，包括实验操作、设备维护、样品管理等，可以更好地控制安全风险。例如，对于危险化学品的采购、储存、使用等过程进行严格管理，确保每个环节的安全。

持续改进：要求组织不断改进其质量管理体系，这也适用于实验室的安全管理。实验室应定期对安全管理工作进行评估和反思，发现问题及时采取措施加以改进。

二、国外先进标准借鉴

（一）管理体系与组织架构方面

1. 美国模式

美国高校大都成立由主管校长负责的类似于环境、健康与安全中心的机构，全面负责校园环境与安全事宜，包括制定各项安全健康管理规章制度、进行日常安全巡视、危险品登记管理、实验室危险废弃物的集中收集处置、紧急情况处理、定期的实验室安全检查以及不定期应急演练等。例如，麻省理工学院的 EHS 总部作为安全管理的实施机构，为实验室提供专业的技术支持和指导，涉及培训服务、实验室及设备布局服务、废弃物管理服务等。

在安全管理体系中，明确首席研究员、导师、实验室安全负责人等角色的职责。首席研究员和导师对自己学生的安全负有直接责任，需深刻认识研究项目的潜在危险，对学生进行安全意识引导和培训，并督促使用者完成训练等；

实验室安全负责人由首席研究员指定，时刻关注实验室安全，发现问题及时汇报。

2. 澳大利亚模式

澳大利亚的阿德莱德大学把实验室安全与员工健康、环境保护整合在一起，从环境保护和职业健康的高度来推动实验室安全管理。学校、学部和学院等层面均设有相应的健康与安全委员会，负责健康与安全事务的讨论、交流与处置。委员会成员包括高级管理人员、员工代表、安全官员等不同角色，确保各方面的意见和需求都能得到考虑。

所有健康与安全委员会定期向上一级报告健康与安全的控制情况、重点问题及下一阶段工作安排，形成了系统的管理衔接和信息反馈机制，有利于安全管理工作的持续改进和落实。

（二）人员培训与资质方面

1. 培训内容的全面性

国外非常重视实验室人员的安全培训，培训内容不仅包括基本的安全规章制度、实验操作规程，还涉及对各种潜在危险的识别、防范措施以及应急处理方法等。例如，学生进入实验室前需要在学校的 EHS 网站进行在线培训，学习相关的安全知识和操作技能，培训内容以教学视频、图像或文字材料等形式呈现，方便学生学习和理解。

2. 培训考核的严格性

培训完成后会有严格的考核，只有通过考核的人员才能进入实验室工作或学习。这种严格的考核制度确保了实验室人员具备足够的安全意识和操作技能，能够有效降低安全事故的发生风险。

3. 资质认证的规范性

对于一些特殊的实验操作或涉及危险物质的实验，要求实验室人员取得相应的资质认证。例如，从事放射性物质实验的人员需要取得放射性操作资质，从事危险化学品实验的人员需要具备危险化学品操作证书等。

（三）设施与环境标准方面

1. 实验室布局与设计

国外实验室在建设时非常注重布局的合理性，根据实验的类型和危险程度将实验室进行分区，如普通实验区、危险化学品实验区、生物实验区等，不同区域之间设置缓冲区和隔离设施，以防止交叉污染和事故的扩散。

实验室内的通道宽敞、畅通，便于人员疏散和设备搬运。紧急出口和疏散通道标识明显，并且定期进行检查和维护，确保在紧急情况下能够正常使用。

2. 安全设备与防护设施

配备齐全的安全设备，如洗眼器、紧急淋浴装置、灭火器、消防栓、通风橱等，并且定期对这些设备进行检查、维护和测试，确保其性能良好。例如，在使用危险化学品或进行可能产生有害气体的实验时，必须在通风橱内进行操作，以保护实验人员的健康。

对个人防护装备的要求严格，实验室人员必须根据实验的危险程度正确选择和使用个人防护装备，如护目镜、防护手套、防护服、防毒面具等。

3. 电气安全标准

对实验室的电气设备和线路有严格的安全要求，包括电气设备的接地、漏电保护、过载保护等。定期对电气设备进行检查和维护，及时发现和排除电气安全隐患。

（四）危险化学品管理方面

1. 采购与储存

对危险化学品的采购进行严格管理，只允许从具有合法资质的供应商处购买。在储存方面，设有专门的危险化学品储存仓库或储存柜，按照化学品的性质、危险等级等进行分类储存，并采取相应的防护措施，如防火、防爆、防潮、防晒等。

2. 使用与操作

在使用危险化学品时，必须严格按照操作规程进行操作，控制使用量，避免浪费和泄漏。对于危险化学品的转移、分装等操作，也有严格的规定和操作流程，以防止事故的发生。

3. 废弃物处理

对危险化学品废弃物的处理有明确的规定和程序，必须按照环保要求进行分类收集、包装、标识和运输，委托具有相应资质的单位进行处理，严禁随意丢弃或排放。

（五）风险评估与应急管理方面

1. 风险评估机制

建立完善的风险评估体系，定期对实验室的各项活动进行风险评估，包括实验项目的风险、设备设施的风险、人员操作的风险等。根据风险评估的结果，制定相应的风险控制措施，将风险降低到可接受的水平。

2. 应急预案与演练

制定详细的应急预案，包括火灾、爆炸、泄漏、中毒等各种可能发生的事故的应急处理方法和流程。定期组织实验室人员进行应急演练，提高人员的应急反应能力和事故处理能力。

第三节 行业特定实验室安全规范

一、生物医药行业

（一）基础安全管理

1. 人员管理

专业培训与考核：实验室工作人员必须经过专业培训，掌握相关的安全知识、操作技能以及应急处理方法，并通过考核获得上岗证书。例如，新入职员工需参加系统的入职培训，涵盖生物安全、化学安全、仪器设备操作等内容。

健康监测与档案：建立实验人员健康监测与个人健康档案制度，定期对实验人员进行健康检查，记录健康状况，以便及时发现因实验操作可能导致的健康问题。

行为规范：严禁在实验室饮食、吸烟、化妆、处理角膜接触镜等；进入实验室需穿着专用工作服、鞋套等，离开时更换衣服，不得将工作服带出实验室；禁止在实验室内穿露脚趾的鞋。

2. 环境与设施

实验室选址与布局：生物医药实验室所在建筑不应与居住场所在同一建筑内，所在建筑耐火等级不应低于二级，四级生物安全实验室的耐火等级应为一级。实验室应合理分区，如分为实验区、办公区、储存区等，不同区域之间应保持一定的安全距离，防止交叉污染和事故扩散。

通风与换气：使用、产生可燃气体或蒸气、有毒气体的实验室应采用机械通风方式，设置气体检测报警装置并与风机联锁，确保通风良好，及时排出有害气体。

安全标识：实验室应设置明显的、符合有关规定要求的安全警示标志和职业病危害警示标识，如危险化学品标识、生物危害标识、紧急出口标识等，并定期进行检查维护，确保其完好有效。

应急设施：配备完善的应急设施，如紧急洗眼器、紧急淋浴装置、灭火器、消防栓、应急照明设备、疏散指示标志等，确保在紧急情况下能够及时使用。

（二）研发过程管理

1. 实验操作规范

操作规程制定：实验室应制定详细的标准操作流程，涵盖实验的各个环节，包括实验前的准备、实验过程中的操作步骤、实验后的清理等，工作人员必须严格按照操作规程进行实验，严禁擅自更改操作步骤。

风险评估与防护：在开始实验前，应对所从事的病原微生物和其他危险物质以及有关操作进行危险评估，根据评估结果制定相应的防护措施，如使用生物安全柜、个人防护装备等。

样品与试剂管理：实验室内的药品、试剂必须有专人负责管理，按规定的存储条件保管，防止损坏或过期使用；使用危险化学品时，必须严格遵守相关规定，确保安全。

2. 废物处理

分类收集：生物材料废弃物应按规定进行分类、收集，如感染性废物、病理性废物、损伤性废物、药物性废物等，分别使用不同颜色的垃圾袋或容器进行收集，严禁混装。

消毒灭菌：对于具有感染性的废物，必须经过严格的消毒灭菌处理后，方可进行后续的处置，防止疾病传播。

合规处置：将分类收集并处理后的实验室废物交由有资质的专业机构进行回收或处理，确保符合环保要求，严禁随意丢弃或排放。

（三）设备设施管理

1. 设备采购与安装

资质审核：采购的设备必须符合相关标准和要求，具有良好的质量和安全性，从正规渠道采购，并对供应商的资质进行严格审核。

专业安装：大型或复杂的设备应由专业人员进行安装和调试，确保设备安装牢固、运行正常，并符合安全要求。

2. 设备维护与保养

定期维护：制定设备维护计划，定期对设备进行维护保养，包括清洁、润滑、校准、检查零部件的磨损情况等，及时发现和排除设备故障，确保设备性能良好。

安全检查：在设备使用前和使用后，应对设备进行安全检查，如检查设备的防护装置是否完好、电气线路是否正常、设备运行是否稳定等，发现问题及时处理。

3. 设备报废处理

对于达到报废标准的设备，应及时进行报废处理，按照相关规定进行拆除、清理，并做好记录，防止报废设备继续使用或对环境造成污染。

（四）危险化学品管理

1. 采购与储存

合法采购：危险化学品必须从具有合法资质的供应商处采购，采购时应要求供应商提供化学品安全技术说明书（MSDS）和化学品安全标签。

分类储存：按照危险化学品的性质、危险等级等进行分类储存，储存场所应符合相关标准和要求，如通风良好、防火、防爆、防潮、防晒等，储存柜应具有相应的安全防护功能，并设置明显的标识。

2. 使用与操作

专人管理：危险化学品应由专人负责管理，使用时必须严格按照操作规程进行操作，控制使用量，避免浪费和泄漏。

防护措施：在使用危险化学品时，工作人员必须佩戴相应的个人防护装备，如防护手套、护目镜、防护服等，防止化学品对人体造成伤害。

3. 应急处理

制定危险化学品事故应急预案，配备相应的应急救援设备和物资，如灭火器、泄漏应急处理工具、急救药品等，定期组织应急演练，提高人员的应急处理能力。

二、化学化工行业

（一）人员管理

专业培训与考核：实验室工作人员必须经过专业培训，包括但不限于化学知识、实验技能、安全操作规程、应急处理等方面的培训，并通过考核获得相应的资质证书，才能独立进行实验操作。

健康监测与防护：建立实验人员健康监测档案，定期进行体检。为实验人员配备符合标准的个人防护装备，如防护眼镜、手套、防护服、防毒面具等，并要求正确佩戴和使用。

行为规范：严禁在实验室饮食、吸烟、化妆等。进入实验室需穿着工作服、工作鞋等，离开时更换衣服，不得将工作服带出实验室，防止有害物质被带出扩散。

（二）化学品管理

1. 采购与储存

合法采购：从具有合法资质的供应商处采购化学品，并要求提供化学品安全技术说明书（MSDS）和化学品安全标签。

分类储存：按照化学品的危险特性进行分类储存，如易燃、易爆、有毒、腐蚀性等，不同类别化学品应分开存放，避免相互反应引发事故，储存场所应具备相应的防火、防爆、防盗、防泄漏等安全设施。

限量存放：根据实验室的使用需求和安全规定，合理控制每种化学品的存放量，避免大量囤积造成安全隐患。

2. 使用与操作

操作规程：制定详细的化学品使用操作规程，实验人员必须严格按照规程操作，严禁擅自更改操作步骤或违规使用化学品。

防护措施：在使用危险化学品时，必须佩戴相应的个人防护装备，如使用强酸、强碱时需戴耐酸碱手套和护目镜，使用有毒化学品时需佩戴防毒面具等。

双人操作：对于剧毒化学品，应严格执行"五双"制度，即双人保管、双人收发、双人使用、双人运输、双人双锁。

3. 废弃物处理

分类收集：将实验室废弃物按照危险特性、化学性质等进行分类收集，如有机废液、无机废液、含重金属废液、固体废弃物等，分别使用不同的容器存放，严禁混装。

标识与记录：在废弃物容器上应标明废弃物的名称、成分、危险特性等信息，并做好相应的收集、储存和处理记录。

合规处置：将分类收集的废弃物交由有资质的专业机构进行回收或处理，严禁随意丢弃、排放或倒入下水道等。

（三）仪器设备管理

1. 采购与安装

资质审核：采购的仪器设备必须符合相关标准和质量要求，具备良好的性能和安全可靠性，从正规渠道采购，并对供应商的资质进行审核。

专业安装：大型或复杂的仪器设备应由专业人员进行安装和调试，确保设备安装牢固、运行正常，并符合安全要求，安装完成后需进行验收和校准。

2. 使用与维护

操作规程：为每台仪器设备制定详细的操作规程和使用注意事项，实验人员在使用前必须熟悉并严格按照规程操作，严禁违规操作导致设备损坏或安全事故。

定期维护：制定仪器设备维护计划，定期对设备进行维护保养，包括清洁、润滑、校准、检查零部件的磨损情况等，及时发现和排除设备故障，确保设备性能良好，维护保养记录应详细、准确。

安全检查：在使用前后对仪器设备进行安全检查，如检查设备的防护装置是否完好、电气线路是否正常、设备运行是否稳定等，发现问题及时处理，严禁设备带故障运行。

报废处理：对于达到报废标准的仪器设备，应及时进行报废处理，按照相关规定进行拆除、清理，并做好记录，防止报废设备继续使用或对环境造成污染。

（四）实验室环境与设施

布局与空间：实验室应合理布局，划分不同的功能区域，如实验区、储存区、办公区等，各区域之间应保持一定的安全距离，防止交叉污染和事故扩散。同时，要确保实验室有足够的空间，便于实验操作和人员疏散。

通风与换气：实验室应配备良好的通风系统，如通风柜、排风扇等，确保实验过程中产生的有害气体、蒸气等能够及时排出室外，保持室内空气清新，通风系统应定期进行检查和维护，确保其正常运行。

消防与安全设施：配备足够数量且有效的消防器材，如灭火器、灭火毯、消防沙等，并定期进行检查和维护，确保其在紧急情况下能够正常使用。同时，还应安装火灾报警装置、应急照明设备、疏散指示标志等，以保障人员在紧急情况下能够快速、安全地疏散。

电气安全：实验室的电气设备应符合安全标准，电线电缆应无破损、老化等现象，插座、插头应完好无损，严禁私拉乱接电线。使用大功率电气设备时，应确保线路承载能力足够，并采取相应的安全措施，防止过载引发电气火灾。

危险标识：在实验室的显著位置张贴危险标识，如"易燃""易爆""有毒""腐蚀"等，提醒实验人员注意安全；同时，对于危险化学品储存区域、高压设备、高温设备等重点部位，也应设置相应的警示标识，防止人员误操作。

（五）安全管理制度

安全责任制度：明确实验室各级人员的安全职责，落实安全责任到人，如实验室负责人对实验室的整体安全负责，实验人员对自己的实验操作安全负责等，建立健全安全管理网络，确保安全工作事事有人管、人人有专责。

安全检查制度：定期进行实验室安全检查，包括日常巡查、专项检查、定期大检查等，检查内容涵盖人员操作、化学品管理、仪器设备运行、环境设施等方面，对发现的安全隐患及时进行整改，并做好记录，跟踪整改落实情况，确保安全隐患得到有效消除。

应急预案制度：制定完善的实验室安全事故应急预案，包括火灾、爆炸、中毒、泄漏等各类事故的应急处置措施，明确应急救援的组织机构、职责分工、应急响应程序、救援物资配备等内容，并定期组织应急演练，提高实验人员的应急处置能力和自我保护意识。

档案管理制度：建立实验室安全管理档案，包括人员培训记录、化学品采购与使用记录、仪器设备维护记录、安全检查记录、事故应急预案及演练记录等，对实验室的安全管理工作进行全程记录，以便查阅和追溯，为安全管理工作提供参考依据。

第三章

实验室安全管理体系

第一节　安全管理组织机构

一、机构领导的职责

（一）安全制度与规划制定

战略规划制定：实验室安全管理机构领导需要制定全面的实验室安全战略规划。这包括确定长期（如3—5年）的安全目标，例如将实验室事故发生率降低到某个具体百分比，或者实现特定的安全管理体系认证（如ISO 15190:2020《医学实验室 安全要求》）。这些目标应与实验室的科研、教学等主要业务活动相适应，并且要考虑到实验室未来的发展方向，如规模扩大、实验项目的更新等因素。

安全制度制定：领导要负责建立和完善实验室安全制度。这些制度应涵盖各个方面，如人员安全培训制度（规定不同岗位人员的培训频率、内容和考核方式）、化学品安全管理制度（包括采购、储存、使用和废弃物处理等环节的具体要求）、设备安全操作制度（明确设备的维护周期、操作规程和报废标准）等。制度的制定要以国家和地方的法律法规、行业标准为依据，同时结合实验室自身的特点和实际需求。

资源分配规划：合理规划安全管理所需的资源，包括人力资源（如安全管理人员的配备数量和专业要求）、物力资源（如安全设备、防护用品的购置预算）和财力资源（如安全培训费用、安全设施建设和维护费用等）。例如，根据实验室的规模和实验类型,确定需要配置多少个灭火器、多少套紧急洗眼器等安全设备,并安排相应的采购资金。

(二)组织与协调职责

内部协调:在实验室内部,领导要负责协调各个部门和人员之间的安全工作。这包括组织不同实验团队之间的安全信息共享,例如,当一个团队在使用某种新型危险化学品时,及时将相关的安全注意事项告知其他可能涉及的团队;协调实验人员与安全管理人员之间的关系,确保安全管理制度能够有效执行。例如,当安全管理人员发现实验人员存在违规操作时,领导要介入协调处理,既保证安全问题得到纠正,又不会影响正常的实验工作。

外部沟通:与外部机构进行有效的沟通和协调。这包括与上级主管部门(如学校的科研管理部门、企业的总部安全管理机构等)保持密切联系,及时汇报实验室的安全状况,获取最新的安全政策和指导意见;与供应商(如危险化学品供应商、安全设备供应商等)沟通,确保所采购的物品符合实验室安全要求;与相关的监管部门(如消防部门、环保部门等)协作,配合检查和监督工作,及时整改发现的问题。

团队建设:负责组建和管理高校的安全管理团队。这包括招聘具有专业知识和经验的安全管理人员,如熟悉化学安全、生物安全、电气安全等不同领域的人才;为团队成员提供培训和发展机会,使其能够不断更新知识和技能,适应不断变化的实验室安全需求;建立激励机制,鼓励团队成员积极履行职责,对表现优秀的成员给予表彰和奖励。

(三)监督与检查职责

安全检查计划制定:领导要制定实验室安全检查计划,包括定期检查(如每月一次的全面检查)和不定期抽查(如针对特定实验项目或新设备的检查)。检查计划应明确检查的范围(涵盖实验室的所有区域、所有实验活动和设备)、检查的内容(如人员操作是否符合规范、安全设施是否完好等)和检查的方式

(如现场查看、查阅记录、询问实验人员等）。

检查执行监督：监督安全检查工作的执行情况，确保检查人员严格按照计划进行检查，不走过场。对于检查中发现的问题，要及时跟进处理情况，要求责任部门或人员制定详细的整改措施，并规定整改期限。例如，如果发现某台设备存在安全隐患，领导要监督设备管理部门是否及时安排维修人员进行维修，是否在规定时间内完成维修并重新进行安全评估。

整改效果评估：对整改后的效果进行评估，确保安全隐患得到彻底消除。这可能包括再次进行检查、要求责任部门提交整改报告并进行审核，或者通过观察后续的实验活动是否还会出现类似问题等方式来评估整改效果。如果整改效果不理想，领导要进一步分析原因，调整整改措施，直至问题得到有效解决。

（四）应急管理职责

应急预案制定与完善：领导要负责组织制定实验室安全事故应急预案。应急预案应包括各类可能发生的事故（如火灾、爆炸、化学品泄漏、生物安全事故等）的应对措施，明确在事故发生时各个部门和人员的职责分工（如谁负责报警、谁负责组织人员疏散、谁负责现场救援等），以及应急救援所需的资源（如消防器材、急救药品、防护设备等）的位置和使用方法。同时，要根据实验室的实际情况和以往的事故经验，不断对应急预案进行修订和完善。

应急演练组织：定期组织应急演练，提高实验室人员的应急反应能力和协同配合能力。演练内容可以包括模拟火灾逃生、化学品泄漏应急处理等。领导要亲自参与演练的策划和组织工作，确保演练的真实性和有效性。例如，在演练过程中观察人员的反应是否符合应急预案的要求，演练结束后组织总结评估，针对演练中发现的问题（如人员疏散不及时、救援设备使用不熟练等）及时调整应急预案。

事故响应与处理：在实验室发生安全事故时，作为第一责任人，领导要迅速启动应急预案，指挥现场救援工作。这包括及时组织人员疏散，确保人员生命安全；协调外部救援力量（如消防队、医院等）的介入；在事故处理过程中，要保持冷静，及时向上级主管部门和相关监管部门报告事故情况，配合事故调查工作，分析事故原因，总结事故经验，并采取措施防止类似事故再次发生。

（五）安全文化建设职责

安全意识培养：领导要致力于在实验室营造浓厚的安全文化氛围，通过多种方式培养全体人员的安全意识。这包括定期组织安全培训和讲座，邀请行业专家讲解最新的安全知识和案例；在实验室内部设置安全宣传栏，展示安全法规、安全操作规范、事故案例分析等内容；利用内部网络平台发布安全提示和通知，及时提醒人员注意安全事项。

开展安全文化活动：开展丰富多彩的安全文化活动，如安全知识竞赛、安全月活动等，提高人员参与安全管理的积极性。在活动中，可以设置奖项激励人员积极学习安全知识，同时通过活动的开展，促进人员之间的安全信息交流和安全经验分享。

树立安全价值观：树立正确的安全价值观，让全体人员认识到安全是实验室工作的首要前提，安全工作不仅关系到个人的生命健康和职业发展，也关系到实验室的整体利益和社会声誉。领导通过以身作则，严格遵守安全规定，奖励安全行为，惩罚不安全行为等方式，引导全体人员形成良好的安全习惯，遵守安全行为准则。

二、安全管理人员的配备

（一）基本配置原则

1. 依据实验室规模和类型

对于大型综合性高校实验室，如涉及化学、生物、物理等多学科交叉的实验中心，由于实验项目复杂、实验人员众多、危险化学品和仪器设备种类繁杂，需要配备相对较多的安全人员。一般建议按照每20—30名实验人员配备

1 名专职安全管理人员。

小型专业实验室，如单一学科的材料测试实验室，实验内容相对集中，人员流动较小，可适当减少专职安全人员的配备比例，每 30—50 名实验人员配备 1 名专职安全管理人员，同时可安排实验教师或技术人员兼任部分安全管理职责。

2. 考虑风险程度

高风险实验室，如三级生物安全实验室（BSL-3）、涉及剧毒化学品或易制爆化学品的化学实验室，实验操作可能导致严重的生物危害、化学中毒或爆炸风险，安全管理要求高，需要配备足够的专业安全人员。通常按照每个高风险实验室至少配备 1—2 名具有相关专业背景（如生物安全、化学安全）的专职安全人员，并且要保证安全人员在实验进行期间能够随时在场进行监管。

低风险实验室，如普通物理实验室（不涉及放射性物质、高电压等危险操作），可以适当减少专职安全人员的数量，但也要确保有兼职安全人员负责日常的安全检查和简单的风险控制工作。

（二）不同类型安全人员的职责与配备要求

1. 专职安全管理人员

（1）职责

安全制度建设与执行：负责制定和完善实验室安全管理制度、操作规程和应急预案等文件，并监督实验人员严格执行。例如，在化学实验室中，专职安全管理人员要确保实验人员按照规定的程序取用、使用和处置危险化学品。

安全检查与隐患排查：定期对实验室进行全面的安全检查，包括设施设备、实验环境、人员操作等方面。对于发现的安全隐患，要及时记录并督促相关人员进行整改。例如，检查通风橱是否正常运行、消防设备是否过期等。

组织安全培训：组织实验室人员参加安全培训，包括新员工入职安全培训、定期的安全知识更新培训以及针对特殊实验项目的专项安全培训。例如，为即将开展放射性实验的人员安排辐射安全培训。

应急响应协调：在发生安全事故时，作为应急指挥小组成员，协调各方力量进行事故救援和处理。例如，在火灾事故中，组织人员疏散、联系消防部门并配合救援工作。

（2）配备要求

专业背景：应具有安全工程、化学、生物、物理等相关专业的学历背景，熟悉实验室各类实验操作和安全风险。例如，化学实验室的专职安全管理人员最好具有化学专业背景和一定的化学实验经验。

资质证书：取得国家或地方认可的安全管理人员资格证书，如注册安全工程师、实验室安全管理员证书等。

2. 兼职安全人员（实验教师或技术人员）

（1）职责

日常安全监督：在日常实验教学或科研活动中，协助专职安全管理人员进行安全监督。例如，在实验课堂上，及时纠正学生的不安全操作行为。

设备安全管理：负责所使用或管理的仪器设备的安全维护和简单故障排除。例如，定期检查实验设备的电气安全、机械安全等状况，发现小故障及时维修或上报。

安全信息传达：将实验室安全管理的相关信息和要求传达给实验人员，同时收集实验人员的安全反馈意见，及时向专职安全管理人员汇报。例如，将最新的安全操作规程告知实验人员，并反馈实验人员对安全设施的改进建议。

（2）配备要求

业务能力：熟悉自己所负责的实验项目或仪器设备的操作流程和安全要点，具备一定的安全管理知识和应急处理能力。例如，熟悉生物实验中离心机的安全操作和可能出现的故障处理方法。

培训要求：接受过实验室安全管理培训，能够履行安全监督和信息传达等职责。

三、安全人员的培训与发展

（一）培训内容

安全法规与标准：培训安全人员掌握国家和地方有关实验室安全的法律法规、行业标准和规范，如《危险化学品安全管理条例》、GB 19489—2008《实验室 生物安全通用要求》等。

专业安全知识：根据实验室类型，提供化学安全、生物安全、物理安全、辐射安全等专业知识培训。例如，化学安全培训包括危险化学品的分类、性质、储存和使用方法；生物安全培训涉及病原微生物的防护、生物废弃物的处理等。

安全管理技能：包括安全检查方法、隐患排查技巧、应急救援组织、安全培训组织等管理技能培训。例如，培训安全人员如何有效地进行安全检查，如何使用检查表进行系统的隐患排查等。

（二）培训方式

内部培训：由高校内部的安全专家或资深安全管理人员进行授课，分享本校实验室安全管理的经验和案例。例如，组织内部的安全知识讲座，讲解本校实验室常见的安全问题和解决方法。

外部培训：参加专业培训机构举办的安全培训班、研讨会或学术会议。例如，参加由中国职业安全健康协会举办的实验室安全管理培训课程，获取最新的安全理念和技术方法。

在线学习：利用网络平台提供的在线安全课程进行学习，方便安全人员根据自己的时间安排灵活学习。例如，通过国家安全生产监督管理总局培训中心的在线学习平台，学习安全法规和安全管理知识。

（三）职业发展规划

提供晋升通道：为安全人员设计合理的职业晋升通道，如从助理安全管理员晋升为安全主管、安全经理等职位，激励安全人员不断提升自己的专业能力和管理水平。

专业发展支持：鼓励安全人员参加安全领域的专业考试，如注册安全工程师考试，对于取得相关资格证书的人员给予奖励和支持。同时，支持安全人员开展实验室安全相关的科研项目或发表学术论文，促进其安全管理水平的提升。

第二节 安全管理制度建设

一、准入制度

（一）适用范围与目的

适用于所有进入高校实验室开展教学、科研、测试等活动的人员，包括教师、学生、科研人员、技术人员、外来访客等。

目的在于确保进入实验室的人员具备基本的安全意识、知识和技能，能够遵守实验室安全规定，预防和减少安全事故的发生，保障人员生命安全和实验室财产安全，维护正常的教学科研秩序。

（二）人员分类与准入要求

1. 教师与科研人员

提交详细的实验项目计划，说明实验内容、所涉及的危险化学品、生物材料、仪器设备等信息，以便评估实验风险。

提供个人的专业资质证明，如学位证书、职称证书等，证明其具备开展相关实验的专业能力。

参加高校组织的实验室安全培训课程并通过考核，培训内容涵盖实验室通用安全知识、危险化学品安全、生物安全、电气安全、消防安全等方面，考核形式可以包括理论考试、实际操作演示等。

签署实验室安全承诺书，承诺遵守实验室各项安全规章制度，承担因自身违反规定而导致的安全责任。

2. 学生

对于本科生，在进入专业实验室之前，必须完成高校开设的基础实验室安全课程学习，并取得合格成绩。课程内容可包括实验室安全基础知识、常见事故案例分析、个人防护装备的使用等。

研究生除完成基础课程外，还需根据其研究方向参加相应的专业实验室安全培训，如化学专业研究生需参加化学实验室安全专项培训，生物专业研究生需参加生物安全培训等。培训后需通过考核，考核可包含实验操作技能考核和安全知识问答。

学生须在导师或指导教师的带领下，提交进入实验室的申请，说明实验目的、计划安排等信息，经实验室负责人批准后方可进入。

签署学生实验室安全责任书，明确自身在实验室中的安全义务和责任，如遵守操作规程、听从教师指导、爱护实验设备等。

3. 技术人员

提供相关技术岗位的资质证书或培训证明，如特种设备操作证（若涉及特种设备操作）、仪器设备维护培训证书等。

参加高校组织的针对技术人员的实验室安全培训，重点学习设备安全操作与维护、实验室环境安全保障等方面的知识和技能，并通过考核。

熟悉所在实验室的各项安全操作规程和应急预案，能够在紧急情况下正确应对。

4. 外来访客

提前向实验室管理部门或相关实验室预约访问时间和目的，说明来访人员基本信息。

在进入实验室前,由实验室指定人员进行简短的安全告知,内容包括实验室的基本安全规定、紧急出口位置、禁止触碰的设备和物品等。

签署外来访客安全告知书,确认知晓并愿意遵守相关安全要求,在实验室访问期间需有实验室内部人员全程陪同。

(三)培训与考核机制

1. 培训体系

高校应建立完善的实验室安全培训体系,包括定期更新的培训教材、专业的培训师资队伍。培训教材可根据不同学科实验室的特点编写,如化学实验室安全教材、生物实验室安全教材等。

培训方式应多样化,除传统的课堂授课外,可结合线上学习平台、实验演示、案例分析讨论、实地参观等方式,增强培训效果。例如,利用虚拟实验室软件进行危险化学品泄漏事故的模拟演练培训。

2. 考核方式

理论考核可采用闭卷或开卷考试的形式,考查人员对实验室安全知识的掌握程度,如安全法规、危险化学品性质与防护、实验操作规程等。

实际操作考核针对不同类型的实验操作和安全技能进行,如灭火器的正确使用、危险化学品的取用与储存操作、生物安全柜的操作等,要求人员在规定时间内准确完成操作步骤。

对于考核未通过的人员,给予一定次数的补考机会,补考仍未通过者,禁止其进入实验室,直至重新参加培训并通过考核。

(四)准入审批流程

申请人根据自身身份类别填写相应的实验室准入申请表,提供所需的证明材料和信息,如个人简历、培训证书、实验计划等。

申请表首先提交给实验室负责人或导师进行初审,实验室负责人根据实验室的资源情况、实验风险评估结果以及申请人的资质等进行审核,签署意见。

初审通过后，申请表转至高校实验室安全管理部门进行复审，安全管理部门重点审查申请人是否满足各项安全准入要求，如培训是否合格、安全责任书是否签署等。

复审通过后，由实验室安全管理部门颁发实验室准入许可证或准入标识（如门禁卡、胸牌等），申请人凭此方可进入实验室。准入许可证或标识应注明有效期限，到期后需重新申请。

（五）定期复审与更新

高校应建立实验室准入人员的定期复审机制，一般每年进行一次复审。复审内容包括人员在实验室的安全表现记录、是否参加了定期的安全培训与更新课程、是否涉及实验项目或岗位的变更等。

对于在实验室有违规行为的人员，如违反操作规程、未正确使用个人防护装备等，根据违规情节轻重进行相应处理，包括警告、暂停准入资格、重新培训考核等，并记录在安全表现档案中。

若人员的实验项目、研究方向或工作岗位发生变更，导致实验风险发生变化，需重新提交申请，参加与新风险相关的安全培训和考核，经审批通过后方可继续在实验室开展工作。

高校应及时更新实验室准入人员数据库，确保信息的准确性和完整性，以便对实验室人员进行有效的安全管理和监控。

二、安全检查制度

（一）目的

为加强高校实验室安全管理，及时发现和消除安全隐患，预防安全事故的发生，保障师生生命财产安全和教学科研工作的顺利进行，特制定本制度。

第三章　实验室安全管理体系

（二）检查范围

涵盖高校内所有从事教学、科研、测试等活动的各类实验室，包括化学实验室、生物实验室、物理实验室、工程实验室等，以及与之相关的附属设施、设备、仓库、办公区域等。

（三）检查组织与人员构成

学校层面：成立由分管校领导担任组长，资产与实验室管理处、保卫处、教务处、科研处等相关部门负责人为成员的学校实验室安全检查领导小组。领导小组负责统筹规划全校实验室安全检查工作，制定检查计划、确定检查重点、协调解决重大安全问题，并对检查结果进行审核和监督整改落实情况。

职能部门层面：资产与实验室管理处作为实验室安全管理的主要职能部门，负责组织实施日常的实验室安全检查工作。具体职责包括制定详细的检查方案、组织检查人员培训、安排检查日程、汇总检查结果并向领导小组汇报、跟踪督促安全隐患整改等。保卫处负责配合检查涉及消防安全、治安安全等方面的内容，并在应急处置方面提供支持。教务处和科研处分别从教学实验和科研项目角度参与检查工作，提供相关信息并协助督促所属实验室落实安全要求。

学院层面：各学院成立由学院领导、实验室主任、安全员等组成的学院实验室安全检查工作小组。工作小组负责本学院所属实验室的安全自查工作，按照学校要求定期组织检查，及时向学校上报自查情况和安全隐患信息，组织落实本学院实验室安全隐患的整改工作，并配合学校开展的各类安全检查活动。

实验室层面：每个实验室应指定一名专职或兼职的实验室安全员，负责本实验室的日常安全监督工作。安全员需定期对实验室进行巡查，填写巡查记录，及时发现并报告安全隐患，协助实验室负责人落实安全管理制度和整改措施。

（四）检查内容

安全管理制度执行情况：检查实验室是否建立健全并有效执行各项安全管理制度，如安全责任制度、人员准入制度、设备操作规程、危险化学品管理制度、废弃物处理制度、应急预案等。查看实验室安全管理记录是否完整，包括人员培训记录、安全检查记录、设备维护记录、事故报告与处理记录等。

人员安全管理：核实进入实验室的人员是否经过安全培训并取得准入资格，是否严格遵守实验室安全规定，如穿着实验服、佩戴个人防护装备等。检查实验人员在操作过程中是否存在违规行为，如违规使用电气设备、擅自处理危险化学品、在实验室饮食等。

危险化学品管理：检查危险化学品的采购、储存、使用和废弃物处理是否符合相关规定。包括危险化学品是否从正规渠道采购并具备齐全的化学品安全技术说明书（MSDS）；储存场所是否符合防火、防爆、防潮、防泄漏等要求，是否分类存放危险化学品且有明显标识；使用过程中是否严格按照操作规程进行，是否有专人负责监管；废弃物是否按照规定进行分类收集、包装、标识并交由有资质的单位处理。

仪器设备安全：查看仪器设备是否定期维护保养，维护记录是否完整。检查仪器设备的运行状况是否正常，是否存在安全隐患，如电气设备是否接地良好、有无漏电现象，机械设备的防护装置是否齐全有效等。核实大型仪器设备、特种设备是否有专人操作并具备相应资质，操作流程是否张贴在明显位置。

消防安全：检查实验室消防设施是否齐全且完好有效，如灭火器、消火栓、灭火毯、消防沙箱等是否在有效期内并能正常使用，消防通道是否畅通无阻，疏散指示标志和应急照明是否正常工作。查看实验室是否存在火灾隐患，如易燃物堆积过多、电线私拉乱接、违规使用明火等。

生物安全（针对生物实验室）：检查生物实验室是否具备相应的生物安全防护设施和设备，如生物安全柜、高压灭菌锅等是否正常运行，防护等级是否符合实验要求。核实生物实验样本的采集、运输、储存、使用和处理是否遵循生物安全操作规程，是否存在生物样本泄漏、交叉污染等风险。查看实验室人员是否经过生物安全培训并掌握相关防护知识和技能。

环境与卫生安全：检查实验室的通风系统是否正常运行，能否有效排出有害气体和粉尘。实验室的温湿度是否适宜，是否对实验设备和实验结果产生不良影响。查看实验室是否保持清洁卫生，实验台面、地面是否整洁，废弃物是否及时清理，是否存在鼠害、虫害等问题。

（五）检查方式与频率

日常巡查：由实验室安全员每天对本实验室进行巡查，重点检查仪器设备运行状况、危险化学品使用情况、人员操作是否规范等方面，及时发现并处理一般性安全隐患，填写实验室日常安全巡查记录表。

学院自查：各学院实验室安全检查工作小组每周对本学院所属实验室进行全面自查，按照检查内容逐项进行检查，对发现的安全隐患进行登记，提出整改措施和期限，填写学院实验室安全自查报告表并报资产与实验室管理处。

学校定期检查：资产与实验室管理处每月组织相关部门人员对全校实验室进行一次定期检查，采用分组检查、交叉检查等方式，确保检查的全面性和公正性。检查结束后，汇总检查结果，形成学校实验室安全检查通报，向全校通报检查情况，包括存在的安全隐患、整改要求和整改期限等。

专项检查：针对特定时期（如节假日前后）、特定事件（如发生实验室安全事故后）或特定实验室类型（如化学实验室、生物实验室等），学校实验室安全检查领导小组组织开展专项检查。专项检查由相关专业人员组成检查组，深入细致地检查相关实验室的安全情况，重点排查可能存在的重大安全隐患，并制定专项整改方案。

不定期抽查：学校领导、资产与实验室管理处、保卫处等部门不定期对实验室进行抽查，重点检查实验室安全制度的执行情况和日常安全管理工作的落实情况，对发现的问题及时督促整改，并对相关责任人进行教育和处理。

（六）检查结果处理与整改跟踪

检查结果反馈：每次检查结束后，检查人员应及时向被检查实验室负责人反馈检查结果，明确指出存在的安全隐患和问题，提出整改要求和建议，并下达实验室安全隐患整改通知书。

整改责任落实：被检查实验室负责人作为整改第一责任人，应组织实验室人员认真研究整改措施，制定整改计划，明确整改期限和责任人，确保安全隐患得到及时有效整改。整改计划应报学院和资产与实验室管理处备案。

整改跟踪与复查：资产与实验室管理处负责对实验室安全隐患整改情况进行跟踪督促，定期了解整改进度。在整改期限届满后，组织检查人员对整改情况进行复查，复查结果形成书面报告。对于整改不到位或未整改的实验室，视情节轻重给予通报批评、暂停实验室使用等处罚，并追究相关人员的责任。

整改情况通报：学校定期对实验室安全隐患整改情况进行通报，对整改工作积极、成效显著的实验室和个人进行表彰和奖励，对整改不力的实验室和个人进行曝光和批评，形成良好的安全管理激励机制。

三、奖惩制度

（一）目的

为了强化高校实验室安全管理，激励广大师生积极参与实验室安全工作，预防和减少安全事故的发生，保障学校教学、科研等工作的顺利进行，特制定本奖惩制度。

（二）奖励

1. 奖励对象

对在实验室安全工作中有突出表现的实验室、团队、个人给予奖励。包括但不限于实验室管理人员、实验技术人员、教师、学生以及对实验室安全工作提出有效建议并得到实施的其他人员。

2. 奖励条件

严格遵守实验室安全管理制度,在实验室安全管理工作中表现出色,连续 N 年未发生任何安全事故的实验室或团队,可给予集体奖励。

积极参与实验室安全管理体系建设,提出创新性的安全管理方法或建议,并被学校采纳且取得显著成效的个人或团队,给予相应奖励。例如,某教师提出优化危险化学品储存管理的方案,实施后大大降低了化学品管理风险,提高了管理效率。

在实验室安全检查、隐患排查过程中,及时发现并报告重大安全隐患,避免了可能发生的重大安全事故的个人,应予以奖励。

在实验室安全事故应急处置中表现英勇,采取有效措施降低事故损失,保障人员生命安全和实验室财产安全的个人或团队,给予表彰和奖励。

长期致力于实验室安全宣传教育工作,在提高师生安全意识方面做出显著贡献的个人,如定期举办安全知识讲座、制作安全宣传资料等,可获得奖励。

对在安全科研方面取得突出成果,如发表高水平实验室安全相关学术论文、获得安全科研项目资助等的个人或团队,给予奖励。

3. 奖励形式

(1)精神奖励

通报表扬:通过学校内部文件、校园网、公告栏等渠道对获奖的实验室、团队或个人进行通报表扬,以彰显其在实验室安全工作中的优秀表现,提升其在学校内的声誉和知名度。

颁发荣誉证书:授予荣誉证书,如"实验室安全先进集体""实验室安全先进个人"等,以资鼓励,为获奖者提供具有纪念意义和权威性的荣誉证明。

(2)物质奖励

奖金:根据贡献大小给予一定金额的奖金,奖金数额可根据学校的财力和奖励标准确定,例如对于发现重大安全隐患的个人给予奖金,对于获得国家级安全科研项目资助的团队给予奖金等。

奖品：可颁发与实验室安全相关的实用奖品，如高质量的个人防护装备、先进的安全检测仪器、安全管理书籍等，既具有奖励意义，又有助于获奖者进一步提升安全工作水平。

（三）惩罚

1. 惩罚对象

对违反实验室安全管理制度、操作规程，导致安全事故发生或存在重大安全隐患的实验室、团队及个人进行惩罚。

2. 惩罚情形

未建立健全实验室安全管理制度或未落实安全管理责任，导致实验室安全管理混乱的实验室负责人，应予以批评教育并责令限期整改，逾期未整改或整改不到位的，给予相应的行政处分，如警告、记过等。

未经培训或培训不合格的人员擅自进入实验室进行实验操作，对相关责任人（如实验室管理人员、指导教师等）给予警告处分，并要求立即停止违规行为，对违规操作人员进行重新培训并考核，考核合格后方可进入实验室。

违反危险化学品管理规定，如私自采购、储存、使用危险化学品，未按规定进行危险化学品废弃物处理等，视情节轻重给予罚款、暂停实验资格、行政处分等处罚措施。例如，对私自采购危险化学品且未造成严重后果的个人罚款 N 元，并暂停其实验资格 N 个月；对因危险化学品废弃物处理不当导致环境污染事故的责任人给予记大过处分，并依法追究其法律责任。

违反仪器设备操作规程，造成仪器设备损坏或安全事故的个人，应承担相应的赔偿责任，并根据事故严重程度给予警告、记过、留校察看甚至开除学籍（针对学生）或解除劳动合同（针对教职工）等处分。

在实验室吸烟、饮食、使用明火等违反实验室基本安全规定的个人，首次发现给予警告处分，并进行安全教育，再次违反则加重处罚，如罚款、暂停实验资格等。

对安全检查中发现的安全隐患，未及时整改或整改不力的实验室或个人，给予通报批评，并责令限期整改，逾期不改者，采取暂停实验室使用、扣除实验室安全考核分数等措施，直至隐患消除。

在实验室安全事故发生后，未及时报告、隐瞒不报或故意破坏事故现场的，对相关责任人给予严厉处罚，包括行政处分、罚款等，并依法追究其法律责任。

3. 惩罚实施

学校资产与实验室管理处、保卫处等相关部门负责对违反实验室安全规定的行为进行调查取证，确定违规事实和责任人，并提出初步的惩罚建议。

根据违规情节的轻重，惩罚决定由学校相关行政部门（如人事处、教务处、研究生院等）或学院按照学校规定的程序作出。对于涉及行政处分的，按照学校教职工处分条例或学生违纪处分条例执行；对于涉及罚款等经济处罚的，由学校财务部门按照规定进行处理。

被惩罚的实验室、团队或个人如有异议，可在接到惩罚通知后的规定时间内向学校提出申诉，学校将组织专门的申诉处理委员会进行复查和裁决，申诉处理结果为最终决定。

第三节 安全教育与培训

一、新员工入职培训

（一）培训目标

使新员工全面了解高校实验室安全管理体系、规章制度、操作规程以及各类潜在风险与应对措施，提高安全意识和防范能力，确保其能够安全、规范地在实验室开展工作。

（二）培训对象

高校各实验室新入职的教师、科研人员、实验技术人员、博士后、研究生、本科生等。

（三）培训内容

1. 实验室安全基础知识

（1）安全管理体系与组织机构

介绍学校实验室安全管理的组织架构，包括校级安全管理部门（如资产与实验室管理处）、学院级安全管理小组以及实验室内部安全员的职责与分工。

讲解学校实验室安全管理制度的框架，如安全责任制度、准入制度、检查制度、奖惩制度等，强调制度的权威性和重要性。

（2）安全法规与标准

概述国家和地方有关实验室安全的法律法规，如《安全生产法》《危险化学品安全管理条例》等在高校实验室中的应用要点。

介绍相关的实验室安全标准，如化学实验室安全标准、生物安全实验室标准等，使新员工明确实验室建设与运行应遵循的规范要求。

2. 实验室安全风险识别与预防

（1）物理安全风险

电气安全：讲解实验室电气设备的正确使用方法，包括如何避免过载、短路，电气设备的接地要求，以及常见电气事故的预防与应急处理。例如，演示如何正确插拔电气插头、识别电气火灾隐患等。

机械安全：介绍实验室各类机械设备（如离心机、研磨机等）的操作规范，强调防护装置的重要性，以及如何预防机械伤害事故，如肢体卷入、碰撞等。

消防安全：培训火灾预防知识，如易燃物的管理、消防通道的畅通；讲解不同类型灭火器的适用范围和使用方法，消火栓的操作步骤，以及火灾报警流程和疏散逃生技巧。组织新员工进行消防器材的实际操作演练，如灭火器的使用练习。

辐射安全（如有相关实验室）：针对涉及放射性物质或辐射源的实验室，介绍辐射的类型、危害，辐射防护的基本原则（如时间、距离、屏蔽），辐射监测仪器的使用方法，以及辐射事故的应急处理程序。

（2）化学安全风险

危险化学品分类与特性：详细讲解危险化学品的分类，如爆炸品、压缩气体和液化气体、易燃液体、易燃固体、自燃物品和遇湿易燃物品、氧化剂和有机过氧化物、有毒品、腐蚀品等，以及各类危险化学品的物理化学特性、危险特性和储存要求。例如，展示不同危险化学品的标识和包装特点。

化学品储存与管理：介绍学校实验室危险化学品的储存设施与管理规定，包括专用储存柜的使用、分类存放原则、储存环境要求（如温湿度控制）、化学品台账的建立与管理等。

化学品使用操作规程：培训危险化学品的取用、称量、转移、反应等操作规范，强调个人防护装备的正确佩戴（如耐酸碱手套、护目镜、防毒面具等），以及化学品泄漏、溢出等事故的应急处理方法。通过实际操作演示，让新员工掌握危险化学品的基本操作技能和事故处理流程。

（3）生物安全风险

生物危害分类：针对生物实验室，讲解生物危害的分级标准，如一级生物安全实验室（BSL-1）、二级生物安全实验室（BSL-2）等的适用范围和防护要求，以及常见病原微生物的危害特性。

生物安全防护设施与设备：介绍生物安全柜、高压灭菌锅、洗眼器等生物安全防护设施和设备的功能、操作方法和维护要点，强调生物实验操作在相应防护设施内进行的重要性。

生物实验操作规范：培训生物样本的采集、运输、储存、处理等操作规范，包括无菌操作技术、防止生物样本交叉污染的措施，以及生物废弃物的分类收集、包装、消毒和处置方法。

3. 实验室安全操作规范与技能

（1）仪器设备操作规范

通用仪器设备：介绍实验室常用仪器设备（如显微镜、天平、烘箱、水浴锅等）的操作流程、注意事项和维护要求，通过实际操作演示和新员工的亲手操作练习，确保其掌握正确的使用方法。

大型仪器设备：针对大型精密仪器设备（如色谱仪、质谱仪、流式细胞仪等），除了操作流程和注意事项外，还需讲解仪器的预约使用制度、开机预热与关机程序、数据采集与存储方法，以及故障报告流程。安排新员工在专业技术人员的指导下进行大型仪器设备的观摩学习和简单操作练习。

（2）实验废弃物处理规范

分类收集：培训新员工如何根据废弃物的性质（如化学性、生物性、放射性等）、形态（如固体、液体、气体）进行分类收集，使用相应的收集容器（如专用垃圾袋、废液桶等）并正确标识。

储存与转运：讲解实验废弃物的储存地点、储存条件和储存期限要求，以及废弃物转运至学校集中处理点的流程和注意事项，强调防止废弃物泄漏和二次污染的重要性。

4. 实验室安全事故应急处理

（1）应急预案制定与启动

介绍学校实验室安全事故应急预案的框架和主要内容，包括火灾、爆炸、化学品泄漏、生物安全事故等各类事故的应急响应级别、组织指挥体系、应急救援队伍组成等。

讲解在事故发生时如何快速判断事故类型和严重程度，启动相应的应急预案，并及时报告上级领导和相关部门（如学校保卫处、资产与实验室管理处、当地消防部门、环保部门等）。

（2）应急救援技能培训

急救知识与技能：培训基本的急救知识和技能，如心肺复苏术（CPR）、创伤包扎、骨折固定、烧伤烫伤处理等，通过模拟急救场景进行实际操作练习,使新员工在紧急情况下能够进行初步的自救互救。

事故现场处置:针对不同类型的实验室安全事故,培训新员工如何在确保自身安全的前提下进行现场处置,如火灾初期的灭火行动、化学品泄漏的围堵与清理、生物安全事故的隔离与消毒等,组织新员工进行事故现场处置的模拟演练,提高其应急反应能力和实际操作能力。

(四)培训方式

1. 课堂讲授

由学校实验室安全管理专家、相关专业教师或具有丰富经验的实验室技术人员进行课堂授课,采用多媒体教学手段(如 PPT、视频、动画等),生动形象地讲解实验室安全知识和技能,使新员工能够系统地学习和理解。

2. 实地参观与演示

组织新员工实地参观学校各类实验室,包括化学实验室、生物实验室、物理实验室等,现场演示实验室安全设施(如消防器材、通风橱、生物安全柜等)的使用方法,仪器设备的操作流程,危险化学品的储存与取用等,让新员工有更直观的感受和认识。

3. 案例分析与讨论

选取典型的实验室安全事故案例,组织新员工进行分析和讨论,引导他们思考事故发生的原因、预防措施以及应急处理方法,通过案例分析加深新员工对实验室安全重要性的认识,提高其安全风险防范意识和分析解决问题的能力。

4. 实际操作与演练

安排新员工进行实际操作练习,如消防器材的使用、危险化学品的操作、急救技能的演练等,在实践中巩固所学知识和技能,确保新员工在遇到实际情况时能够熟练应对。

（五）培训考核与评估

1. 考核方式

理论考试：采用闭卷或开卷考试的形式，考查新员工对实验室安全基础知识、法规标准、风险识别与预防、操作规范、应急处理等方面知识的掌握程度。

实际操作考核：通过观察新员工在消防器材使用、危险化学品操作、急救技能等实际操作演练中的表现，评估其操作的准确性、规范性和熟练程度。

2. 考核标准

对于考核不合格的新员工，给予一次补考机会，补考仍不合格者，不得进入实验室工作，直至重新参加培训并考核合格。

3. 培训评估

在培训结束后，通过问卷调查、新员工座谈会等方式收集新员工对培训内容、培训方式、培训教师等方面的反馈意见，对培训效果进行评估。根据评估结果，总结经验教训，及时调整和完善培训方案，提高培训质量和效果。

二、定期安全培训

（一）培训目标设定

明确高校实验室定期安全培训旨在全面提升实验室相关人员（包括教师、学生、技术人员等）的安全意识、知识水平和操作技能，使其能够熟练掌握实验室各类安全风险的识别、预防和应对方法，严格遵守实验室安全规章制度，最大限度地减少安全事故的发生，保障人员生命健康、实验室财产安全以及教学科研活动的正常进行。

（二）培训组织架构

校级安全培训领导小组：由学校分管实验室安全工作的副校长担任组长，成员包括资产与实验室管理处、教务处、科研处、保卫处等相关部门负责人。

其主要职责是制定全校实验室安全培训的战略规划、方针政策和总体目标；统筹协调各部门之间的资源与合作；监督和评估各学院及实验室的培训工作执行情况；审批重大培训项目和预算。

资产与实验室管理处：作为具体负责实验室安全管理的职能部门，承担着组织实施安全培训的核心任务。负责制定详细的年度培训计划和具体培训方案；组织开发和更新培训课程与教材；选拔和管理培训师资队伍；安排培训场地与设施；组织培训报名、考勤与考核；收集和分析培训反馈信息；建立和维护培训档案与数据库等工作。

学院安全培训工作小组：各学院成立由学院领导担任组长，实验室主任、安全员、骨干教师等组成的工作小组。其职责包括根据学校培训计划制定本学院的实施细则；组织本学院实验室人员参加培训；开展学院内部特色安全培训活动；协助学校进行培训考核与评估；及时向学校反馈本学院在培训过程中遇到的问题和建议。

实验室内部培训协调员：每个实验室指定一名协调员，一般由实验室安全员兼任。其工作主要是传达学校和学院的培训通知与要求；组织实验室内部的培训预习和复习活动；收集本实验室人员的培训需求和意见；监督实验室人员在日常工作中的安全操作规范执行情况，并及时给予指导和纠正。

（三）培训内容规划

1. 安全法规与政策解读

定期解读国家和地方最新出台的有关实验室安全的法律法规，如《安全生产法》《危险化学品安全管理条例》等在高校实验室场景中的应用细则，讲解学校制定的各项安全管理制度和操作规程，包括人员准入制度、安全检查制度、危险化学品管理办法、仪器设备操作规范、废弃物处理规定等，确保实验室人员清楚了解自身的法律责任和合规要求。

2. 安全风险识别与评估方法

针对不同学科类型的实验室（如化学、生物、物理、工程等），教授专业的安全风险识别技巧，如化学实验室中危险化学品的易燃、易爆、有毒、腐蚀等特性识别，生物实验室中生物危害因子的分级与识别，物理实验室中电气、机械、辐射等风险因素的判断。同时，介绍风险评估的常用方法，如风险矩阵法、故障树分析法等，使实验室人员能够对实验活动中的潜在风险进行量化评估，以便采取相应的预防和控制措施。

3. 实验室安全基础知识

物理安全知识：包括电气安全（如电气设备的正确使用、接地保护、防止过载和短路等）、机械安全（如各类机械设备的操作规程、防护装置的作用与维护）、消防安全（如火灾的成因、预防措施、消防器材的种类与使用方法、火灾报警与疏散逃生程序）、辐射安全（针对涉及辐射源的实验室，讲解辐射的类型、危害、防护原则与监测方法）等方面的基础知识。

化学安全知识：深入讲解危险化学品的分类体系，各类危险化学品的物理化学性质、储存要求（如分类存放、温湿度控制、防火防爆措施等）、使用规范（如试剂的取用、称量、混合、反应过程中的安全注意事项）、泄漏应急处理方法以及个人防护装备（如防护手套、护目镜、防毒面具等）的选择与使用。

生物安全知识：针对生物实验室，介绍生物危害的分类标准（如 BSL-1 至 BSL-4 级实验室的适用范围和防护要求），生物安全防护设施与设备（如生物安全柜、高压灭菌锅、洗眼器等）的功能与操作规范，生物样本的采集、运输、储存、处理过程中的无菌操作技术与防污染措施，生物废弃物的分类收集、包装、消毒与处置流程等。

4. 仪器设备安全操作与维护

提供实验室常用仪器设备（如显微镜、天平、离心机、烘箱、色谱仪等）的详细操作指南，包括开机前检查、操作步骤、运行参数设置、关机程序等；讲解仪器设备的日常维护保养方法，如清洁、润滑、校准、零部件更换等；强调仪器设备使用过程中的安全注意事项，如防止触电、机械伤害、过热、过载等事故的发生；针对大型精密仪器设备和特种设备，还需进行专门的操作资质培训与考核，确保操作人员具备相应的专业技能和安全意识。

5. 实验废弃物处理规范

培训实验室人员掌握实验废弃物的分类原则，如化学废弃物（有机废液、无机废液、重金属废液等）、生物废弃物（感染性废弃物、病理性废弃物、损伤性废弃物等）、放射性废弃物的分类标准；讲解各类废弃物的收集方法、专用的收集容器及正确的标识方式；介绍废弃物的储存要求，包括储存地点、环境条件、储存期限等；说明废弃物的转运流程和处置方式，确保废弃物能够安全、合法地交由有资质的单位进行处理，避免对环境造成污染。

6. 应急处理与救援技能培训

应急预案制定与实施：详细讲解学校实验室安全事故应急预案的制定原则、结构框架和主要内容，包括火灾、爆炸、化学品泄漏、生物安全事故、触电事故等各类常见事故的应急响应级别、组织指挥体系、救援队伍组成、救援流程与措施等；组织实验室人员进行应急预案的学习和演练，使其熟悉在事故发生时自己的职责和行动步骤，提高应急响应速度和协同作战能力。

急救知识与技能培训：教授基本的急救知识和技能，如心肺复苏术（CPR）、创伤急救（止血、包扎、固定、搬运）、中毒急救（针对化学中毒和生物中毒的不同急救方法）、烧伤烫伤急救等；通过理论讲解、模拟场景演练和实际操作练习相结合的方式，使实验室人员能够在紧急情况下进行有效的自救互救，为专业救援争取时间，减少事故伤亡和损失。

（四）培训方式与方法选择

课堂讲授：邀请校内外实验室安全专家、专业教师或相关领域的技术人员进行集中授课。采用多媒体教学手段，如制作精美的PPT、播放安全事故视频案例、展示实物图片等，生动形象地讲解安全知识和技能。课堂讲授可以系统地传授理论知识，便于实验室人员全面了解安全管理的各个方面。

在线学习平台：搭建专门的实验室安全培训在线学习平台，开发丰富的网络课程资源，包括电子教材、教学视频、动画演示、在线测试题等。实验室人员可以根据自己的时间和学习进度，随时随地登录平台进行自主学习。在线学习平台可以记录学员的学习轨迹和成绩，方便学校进行跟踪管理和考核评估。

实地演示与操作培训：在实验室或专门的培训场地进行实地演示和操作培训。例如，现场演示消防器材的正确使用方法、危险化学品的取用和处理操作、仪器设备的开机与关机流程、生物安全柜的操作规范等，并让学员亲自进行操作练习，由培训教师进行现场指导和纠正，确保学员能够熟练掌握实际操作技能。

案例分析与讨论：收集整理国内外高校实验室安全事故的典型案例，组织学员进行分析和讨论。引导学员从事故发生的原因、过程、后果等方面进行深入思考，探讨如何预防类似事故的发生以及在事故发生时应采取的正确应对措施。案例分析与讨论可以激发学员的学习兴趣和主动性，培养其分析问题和解决问题的能力。

安全演练：定期组织实验室安全演练，包括火灾逃生演练、化学品泄漏应急处置演练、生物安全事故应急演练等。

通过以上完善的高校实验室定期安全培训管理体系，可以有效地提高实验室人员的安全素质和能力，降低实验室安全事故的发生率，保障高校实验室的安全稳定运行和教学科研工作的顺利开展。

三、特种作业培训

（一）培训目标

使高校实验室涉及特种作业的人员全面掌握相关特种作业的安全知识、操作技能和应急处理能力，确保其能够严格按照操作规程进行作业，有效预防特种作业事故的发生，保障人员生命安全和实验室财产安全。

（二）培训对象

在高校实验室从事特种作业的人员，如涉及电气焊作业的人员、使用起重机械（如小型起重机吊运实验设备）的人员、操作特种设备（如高压灭菌锅、电梯等）的人员等。

（三）培训内容

1. 特种作业法规与标准

国家和地方关于特种作业的法律法规，如《中华人民共和国特种设备安全法》《特种作业人员安全技术培训考核管理规定》等，明确特种作业人员的法律责任和义务。

相关特种作业的安全技术标准和规范，如电气焊作业的焊接工艺评定标准、起重机械的安全操作规程标准、特种设备的维护保养规范等，使作业人员清楚了解作业过程中的技术要求和安全准则。

2. 特种作业安全基础知识

特种作业设备的基本原理、结构和性能特点。例如，对于高压灭菌锅，讲解其蒸汽产生与循环原理、锅体结构设计以及温度和压力控制性能等；对于起重机，介绍其机械传动、电气控制和起升机构等方面的知识。

特种作业过程中的安全风险识别与评估方法。如电气焊作业中可能存在的触电、火灾、爆炸、有害气体中毒等风险，起重作业中的重物坠落、碰撞、倾覆等风险，特种设备运行中的泄漏、超压、失控等风险，并教导作业人员如何运用风险矩阵等方法对这些风险进行评估和分级。

3. 特种作业操作技能培训

（1）设备操作流程与规范

电气焊作业：详细讲解焊接设备的正确连接与调试方法，不同焊接工艺（如手工电弧焊、气体保护焊等）的操作步骤，包括焊接电流、电压的选择与调整，焊接速度的控制，以及焊接角度和运条方式等技巧。同时强调焊接前的安全检查（如检查焊接电缆是否破损、电焊机外壳是否接地良好等）和焊接后的现场清理要求。

起重机械作业：培训起重机的开机前检查项目（如检查钢丝绳的磨损情

况、吊钩的完好性、各制动装置的可靠性等），操作手柄或按钮的功能与操作方法，起吊重物的捆绑与挂钩技巧，起重机的运行轨迹控制以及精确对位方法等。严格要求作业人员按照额定起重量和工作半径进行作业，严禁超载和违规操作。

特种设备操作：针对不同类型的特种设备，如高压灭菌锅，培训其操作规程，包括物品装载要求、灭菌温度和时间的设定、压力上升与下降速率的控制、灭菌过程中的安全监控要点（如压力、温度异常时的处理措施）以及灭菌结束后的降压和开门操作规范等。对于电梯，讲解电梯的召唤、乘坐、停靠楼层等基本操作，以及电梯日常维护检查项目（如轿厢门的开关灵活性、电梯运行平稳性检查等）和紧急情况下的报警与自救方法。

（2）安全防护设备的正确使用

电气焊作业人员必须配备并正确使用焊接防护面罩、防护手套、防护鞋、耳塞等个人防护装备，防止弧光辐射、烫伤、触电和噪声伤害。培训人员要掌握防护设备的选择标准（如根据焊接电流大小选择合适遮光号的面罩）、佩戴方法和检查维护要点。

起重机械作业人员需佩戴安全帽、安全带等防护用品，尤其是在进行高处作业（如起重机维护检修）时。同时，要学会正确使用起重机上的各种安全防护装置，如限位开关、超载限制器等，并了解其工作原理和故障判断方法。

特种设备操作人员应根据设备要求配备相应的防护装备，如高压灭菌锅操作人员需穿戴隔热手套、防护眼镜等，防止烫伤和蒸汽伤害。电梯维修人员在井道内作业时要佩戴安全帽、安全带，并使用安全警示标识防止他人误操作。

4. 特种作业应急处理培训

制定并完善针对各类特种作业事故的应急预案，如电气焊火灾爆炸事故应急预案、起重机械重物坠落事故应急预案、特种设备泄漏事故应急预案等。应急预案应包括事故发生后的应急响应程序、人员分工、救援措施以及与外部救援力量（如消防部门、医疗急救部门等）的协调配合机制。

开展应急处理技能培训，包括：

急救知识与技能：培训基本的急救知识，如心肺复苏术（CPR）、创伤急救（止血、包扎、固定、搬运）、触电急救（脱离电源后的急救措施）、中毒急救（针对电气焊产生的有害气体中毒和特种设备泄漏导致的化学中毒）等，并通过模拟场景进行实际操作练习，使作业人员在事故发生时能够迅速对受伤人员进行初步救治，为专业救援争取时间。

事故现场处置技能：教导作业人员在特种作业事故发生后如何迅速采取措施控制事故扩大。如电气焊火灾发生时，如何使用灭火器、消防砂等进行灭火，如何切断电源和气源；起重机械重物坠落时，如何设置警戒区域防止二次事故发生，如何组织力量清理现场和救援被困人员；特种设备泄漏时，如何采取堵漏措施、如何进行通风换气降低有害气体浓度等。同时，培训作业人员在事故发生后的报告程序，包括向实验室负责人、学校安全管理部门以及相关政府监管部门报告的时间、内容和方式等。

（四）培训方式

1. 理论教学

采用课堂讲授的方式，由具有丰富特种作业经验和专业知识的教师或专家进行授课。使用多媒体教学手段，如制作精美的PPT、播放安全事故视频案例、展示实物图片等，生动形象地讲解特种作业法规、安全基础知识、操作技能和应急处理知识，使学员能够系统地学习和理解相关内容。

在理论教学过程中，设置互动环节，如提问、讨论、案例分析等，鼓励学员积极参与，及时解答他们在学习过程中遇到的疑问，加深学员对知识的掌握程度。例如，通过分析实际发生的特种作业事故案例，引导学员思考事故发生的原因、预防措施以及应急处理方法，提高学员分析问题和解决问题的能力。

2. 实践操作培训

在专门的特种作业培训场地或高校实验室具备条件的区域，进行实际操作培训。配备与实际作业场景相似的设备和工具，如电气焊设备、小型起重机模型、高压灭菌锅模拟器等，让学员在真实的操作环境中进行练习。

由经验丰富的师傅或培训教师进行现场指导，对学员的操作步骤、手法、安全注意事项等进行一对一的指导和纠正。例如，在电气焊操作培训中，教师要亲自示范正确的焊接姿势、运条方法和电流电压调整技巧，并及时纠正学员在操作过程中出现的错误，如焊接电流过大导致焊缝咬边、焊接速度过慢引起焊缝过高或过宽等问题。在起重机械操作培训中，指导学员如何平稳地起吊重物、如何准确地控制起重机的运行方向和位置等，确保学员能够熟练掌握操作技能。

3. 模拟演练

定期组织特种作业事故模拟演练。如模拟电气焊作业引发火灾的场景，让学员在模拟场景中实际演练火灾报警、灭火、人员疏散等应急处理流程；模拟起重机械重物坠落砸伤人员的场景，演练现场急救、事故报告、救援指挥等环节；模拟特种设备泄漏事故场景，演练堵漏、通风、人员防护等应急处置措施。

模拟演练要尽可能真实地还原事故现场，设置各种突发情况和障碍，考验学员的应急反应能力和实际处理能力。演练结束后，组织学员进行总结和反思，分析演练过程中存在的问题和不足之处，提出改进措施和建议，不断完善学员的应急处理能力。

（五）培训考核与认证

1. 考核方式

理论考核：采用闭卷考试的形式，考查学员对特种作业法规、安全基础知识、操作技能和应急处理知识的掌握程度。考试内容涵盖培训的重要知识点，如特种作业设备的结构原理、安全操作规程、事故预防与应急处理方法等，题型包括选择题、判断题、简答题和案例分析题等，以全面评估学员的理论水平。

实践操作考核：在实际操作培训场地或实验室，对学员的特种作业操作技能进行现场考核。根据不同的特种作业类型，制定相应的考核标准和项目。如电气焊作业考核焊接质量、焊接速度、安全操作规范等；起重机械作业考核起吊重物的准确性、稳定性、安全防护装置的使用等；特种设备操作考核设备的正确启动与停止、运行参数的控制、应急处理措施的执行等。考核过程由专业教师或考评员进行现场观察和评价，确保考核结果的公正性和客观性。

2. 认证与管理

对于考核合格的学员，由相关部门（如当地质量技术监督局、安全生产监督管理局等）颁发特种作业操作证书，证明其具备从事相应特种作业的资格和能力。高校实验室应建立特种作业人员档案，将学员的培训记录、考核成绩、证书编号等信息进行归档管理，以便对特种作业人员进行跟踪和监督。

特种作业操作证书具有有效期，一般为3—6年不等。在证书有效期内，高校实验室应定期组织特种作业人员参加复审培训，复审培训内容主要包括法规标准的更新、新技术新方法的应用、事故案例分析以及实际操作技能的巩固和提高等。复审考核合格后，证书方可继续有效，确保特种作业人员始终保持良好的安全意识和操作技能水平。

（六）培训时间安排

1. 集中培训

根据特种作业的复杂程度和培训内容的多少，安排集中培训时间。一般来说，电气焊作业培训时间不少于80学时，起重机械作业培训时间不少于60学时，特种设备操作培训时间不少于40学时。集中培训可分为连续培训和分段培训两种方式，连续培训可在较短时间内完成全部课程，适合时间较为充裕的学员；分段培训则将课程分成若干个模块，在一段时间内分阶段进行培训，便于学员在工作之余安排学习时间。

2. 定期复训

特种作业人员每1—2年应参加一次定期复训，复训时间不少于20学时。复训主要目的是强化特种作业人员的安全意识，更新其知识和技能，使其适应法规标准和技术发展的变化。复训内容可根据实际情况进行调整，重点关注新法规政策的解读、近期发生的典型事故案例分析、新型特种作业设备或技术的介绍等。

  高校实验室通过以上全面系统的特种作业培训，可以有效提高特种作业人员的安全素质和业务能力，降低特种作业事故的发生率，为实验室的安全稳定运行提供有力保障。

第四章

实验室危险因素识别与风险评估

第一节　物理危险因素

一、电气安全

（一）触电危险

设备漏电：实验室中的电气设备如果长期使用、维护不当或者受到环境因素（如潮湿）的影响，可能会出现绝缘损坏的情况。例如，老化的电线外皮破裂，使得内部的导电部分暴露出来，当人体接触到这些带电部分时，就会发生触电事故。像一些陈旧的实验用电机，其内部电线可能因长期运转产生的震动而磨损，从而增加漏电风险。

违规操作：实验人员在操作电气设备时，如果没有按照正确的操作规程进行，也容易引发触电危险。比如，在插拔电气插头时没有先关闭电源，或者用湿手触摸电气设备。特别是在一些化学实验室，实验人员手上可能沾有导电的化学试剂，此时接触电气就更危险。

缺乏接地保护或接地不良：接地系统是保障电气安全的重要措施。如果电气设备没有良好的接地，当设备发生漏电时，电流无法通过接地装置导入大地，就会使设备外壳带电。在一些没有接地或者接地电阻过大的实验室环境中，这种情况可能导致人员触电。例如，一些自制的简易实验装置，如果没有正确连接接地线路，一旦出现漏电，将对使用者构成严重威胁。

（二）火灾危险

过载运行：当电气设备接入的负载超过其额定容量时，会导致电流过大。长时间的过载运行会使电线和设备发热，绝缘材料可能会因此被烧焦、熔化，进而引发火灾。例如，在一个电源插座上同时插入多个大功率的实验设备，如电烘箱、电炉等，就很容易造成过载。

短路：电线的绝缘层损坏或者电气设备内部故障可能会导致线路短路。短路时，电流会瞬间急剧增大，产生大量的热量，能够迅速引燃周围的易燃物。例如，实验室内的电线被金属锐器划破，导致两根电线直接接触，就会引发短路。而且，实验室内常常有纸张、化学试剂等易燃物品，一旦发生短路产生火花，很容易引发火灾。

不合规的电气设备或线路：使用不符合安全标准的电气设备或者安装不规范的线路也是引发电气火灾的危险因素。例如，使用劣质的电线，其所能承受的电流和温度较低，容易在正常使用过程中过热；或者电线敷设不符合要求，如未穿管保护，使得电线容易受到机械损伤和腐蚀，增加了火灾隐患。

（三）静电危害

静电产生与积累：在实验室环境中，静电的产生较为常见。例如，实验人员在走动过程中，鞋底与地面摩擦会产生静电；在进行液体倾倒、搅拌等操作时，液体与容器之间的摩擦也会产生静电。如果这些静电不能及时释放，就会在物体表面积累。在一些对静电敏感的实验环境中，如涉及易燃易爆气体或粉尘的实验室，积累的静电可能会引发爆炸或火灾。

静电放电引发事故：当静电积累到一定程度时，会发生静电放电现象。静电放电可能会产生火花，一旦周围存在可燃气体、液体蒸汽或者易燃粉尘，就会引发燃烧甚至爆炸。例如，在一个有氢气泄漏的实验室环境中，积累的静电放电产生的火花可能会瞬间点燃氢气，导致爆炸事故。

（四）电磁辐射危害

高频设备辐射：实验室中一些高频电气设备，如微波炉、高频感应加热设备等，会产生较强的电磁辐射。长期暴露在高强度的电磁辐射环境中，可能会对人体的健康产生不良影响，如引起头痛、失眠、疲劳、记忆力减退等神经衰弱症状，还可能对人体的免疫系统、生殖系统等造成损害。

射频设备干扰：射频设备产生的电磁辐射还可能会对实验室中的其他电子设备造成干扰，影响设备的正常运行。例如，在进行精密电子测量实验时，如果附近有射频辐射源，可能会导致测量仪器出现误差，甚至无法正常工作。

（五）电弧和电火花危害

开关操作产生电弧：在电气设备的开关操作过程中，如断路器、接触器等的开合，可能会产生电弧。电弧是一种高温、强光的放电现象，它不仅会对电气设备的触头造成损坏，缩短设备寿命，还可能会引燃周围的易燃物。例如，在含有可燃气体的实验室环境中，开关电气产生的电弧可能会点燃气体，引发爆炸。

故障产生电火花：电气设备内部的故障，如元件损坏、线路接触不良等，可能会产生电火花。电火花同样具有较高的能量，能够引发火灾或者爆炸。例如，在一个有易燃化学试剂的实验台上，电气设备内部产生的电火花可能会掉落到试剂瓶上，引发试剂燃烧。

二、机械伤害

（一）旋转部件

离心机：在高校实验室，离心机是常用设备。其高速旋转的转头在运行过程中，如果防护装置损坏或者未正确关闭盖子，实验人员的头发、衣物或手指等可能会被卷入，造成严重的绞伤。而且，当离心机内的样品放置不平衡时，转头在旋转过程中会产生剧烈震动，可能导致离心机整体移位甚至倾倒，对周围人员造成碰撞伤害。

搅拌器：搅拌器的搅拌桨叶在高速旋转时具有强大的动能。如果在搅拌过程中，实验人员不小心将手、工具等伸入正在运行的搅拌器中，桨叶会像利刃一样对手部等造成切割伤害。此外，搅拌器的电机和传动部件在长时间使用后可能出现故障，如电机突然加速或传动皮带脱落，也会引发意外的机械伤害。

（二）往复运动部件

活塞式压缩机：这种设备的活塞在气缸内做往复运动。如果实验人员在设备运行时靠近运动部件，手指或其他身体部位可能会被活塞与气缸壁夹住，造成挤压伤害。而且，压缩机的连杆、曲轴等运动部件在高速往复运动时，一旦连接部件松动或断裂，飞出的零件会对周围人员产生弹射伤害。

线性运动平台：在一些精密实验装置中会用到线性运动平台。其滑块在导轨上做往复直线运动，当运动速度较快且防护不足时，可能会夹伤操作人员的手指或身体其他部位。同时，如果平台的驱动系统出现故障，如电机失控或丝杆断裂，滑块可能会突然加速或脱离轨道，引发碰撞和挤压事故。

（三）切割和磨削部件

切片机：常用于生物或材料样本的切片制作。切片机的刀片非常锋利，在切片操作过程中，如果实验人员操作不当，如手动推送样本速度过快、没有使用合适的夹具固定样本，手指很容易接触到刀片而被割伤。而且，刀片在长期使用后可能会出现磨损、崩刃等情况，增加了切割伤害的风险。

磨床：磨床是通过高速旋转的砂轮对工件进行磨削加工的设备。砂轮在磨削过程中，如果工件装夹不牢，可能会被砂轮的强大磨削力甩出，击中操作人员。另外，砂轮本身在高速旋转时可能会发生破裂，碎片会以很高的速度飞溅出去，对周围人员造成严重的伤害，这种伤害不仅包括切割伤，还可能因碎片嵌入身体导致更复杂的创伤。

（四）夹紧和咬合部件

虎钳：在机械加工或材料制备实验中经常使用。如果在夹紧工件时操作不当，如用力过猛，可能会夹伤手指。而且，当虎钳长时间使用后，钳口的夹紧力可能会不稳定，在操作过程中工件可能会突然松动或滑落，导致操作人员的手被夹在工件和其他物体之间。

压力机：压力机通过上下模具的合模来对工件进行冲压、成型等操作。在模具闭合过程中，其强大的压力能够轻易地将人体组织压伤。如果实验人员在压力机运行过程中违规伸手到模具区域，或者模具的安全防护装置失效，手指、手掌甚至手臂都可能被模具夹住或压碎。

（五）传动部件

皮带传动和链条传动装置：在实验室的一些大型设备或动力传输系统中会用到皮带传动和链条传动。这些传动部件在运行过程中，皮带可能会因为张紧力过大而断裂，链条可能会因为磨损或过载而脱落。断裂的皮带和脱落的链条会像鞭子一样抽打在附近人员身上，造成抽打伤害。同时，它们还可能会缠绕在人体上，导致绞缠伤害。

齿轮传动装置：齿轮在啮合传动过程中，如果防护装置缺失或损坏，实验人员的手指、衣物等可能会被卷入齿轮之间，受到严重的挤压和切割伤害。而且，齿轮在高速运转时可能会产生疲劳磨损、齿面胶合等故障，导致齿轮损坏，碎片飞溅也会对周围人员造成伤害。

三、高温高压

（一）高温危险因素

1. 烫伤风险

高温设备表面：实验室中的高温设备如马弗炉、烘箱、干燥箱等，在运行过程中其外壳温度会升高。如果设备的隔热性能差或者没有设置有效的防护装置，实验人员在操作过程中不小心接触到设备外壳，就容易被烫伤。例如，马弗炉在加热到几百摄氏度后，其炉体表面温度极高，一旦接触，皮肤会瞬间被灼伤。

高温液体和蒸气：化学实验中，经常会涉及加热液体的操作。液体被加热至沸点后会产生蒸气，这些蒸气以及沸腾的液体如果溅出容器，会对实验人员造成烫伤。例如，在蒸馏实验中，加热的有机溶剂产生的蒸气温度很高，而且有机溶剂可能具有腐蚀性，一旦接触到皮肤，烫伤和化学腐蚀会同时发生。

2. 火灾和爆炸风险

易燃物接近高温源：实验室中如果有易燃的化学品、纸张、塑料等材料放置在高温设备附近，就可能因高温引发燃烧。例如，将装有易燃有机溶剂的试剂瓶放置在正在运行的烘箱旁边，当烘箱散热使周围温度升高到有机溶剂的闪点以上时，就有可能引发有机溶剂燃烧，进而导致火灾甚至爆炸。

高温反应失控：在一些高温化学反应中，如有机合成中的高温氧化反应、热分解反应等，如果反应条件控制不当，可能会导致反应速度过快，产生大量的热，使反应体系温度急剧上升。这种情况下，反应可能会失控，引发爆炸。例如，某些自催化的热分解反应，一旦温度超过临界值，反应速率会呈指数增长，产生的高温和高压可能冲破反应容器，造成严重的事故。

3. 热辐射危害

对人体健康的影响：长时间暴露在高温设备的热辐射下，人体会出现一系列不适症状。如头晕、乏力、脱水等热应激反应。而且，热辐射还可能对眼睛造成伤害，如引起角膜灼伤、白内障等眼部疾病。例如，在高温炉前长时间工作的实验人员，如果没有采取适当的防护措施，眼睛很容易受到热辐射的损害。

对实验设备的影响：热辐射可能会影响附近其他实验设备的性能和精度。例如，高精度的电子仪器在受到高温热辐射后，其内部的电子元件可能会出现性能下降、参数漂移等情况，从而影响仪器的测量准确性和稳定性。

（二）高压危险因素

1. 爆炸风险

高压容器破裂：实验室中的高压容器，如高压反应釜、高压气瓶等，如果其材质存在缺陷、超过设计压力或者受到外部撞击等，可能会发生破裂。当高压容器破裂时，内部的高压气体瞬间释放，会产生强大的冲击波，对周围的人员和设备造成严重破坏。例如，高压氢气瓶在受到腐蚀或者意外撞击后发生破裂，氢气迅速膨胀并爆炸，其破坏力极大。

化学反应失控导致高压爆炸：在高压反应釜中进行的化学反应，如果反应条件（如温度、反应物浓度等）控制不当，可能会产生过多的气体，导致釜内压力急剧上升。当压力超过反应釜的承受极限时，就会发生爆炸。例如，在合成氨的高压反应中，如果氢气和氮气的比例失调或者温度过高，会使反应速率异常加快，产生大量的氨气，使反应釜内压力迅速升高而引发爆炸。

2. 泄漏风险

阀门和管道泄漏：高压系统中的阀门、管道等部件如果密封不严或者出现损坏，高压气体或液体就会泄漏。泄漏的物质可能是有毒有害的，如氯气、氨气等，会对人体健康和环境造成危害。而且，泄漏产生的高速气流或液流可能会对周围的人员造成物理伤害，如喷射伤。例如，高压氯气管道的阀门密封损坏，氯气泄漏出来，不仅会使人中毒，还会因氯气的刺激性对呼吸道和眼睛造成严重的伤害。

安全装置失效导致泄漏：高压容器上的安全阀、压力表等安全装置是保障系统安全的重要部件。如果这些安全装置失效，如安全阀堵塞不能正常开启、压力表读数不准确等，就无法及时发现和控制高压系统中的压力异常，从而导致泄漏事故的发生。例如，当容器内压力过高时，堵塞的安全阀无法泄压，容器可能会因超压而泄漏。

第二节　化学危险因素

一、危险化学品的分类与特性

（一）爆炸品

1. 定义与分类

爆炸品是指在外界作用下（如受热、摩擦、撞击等）能发生剧烈的化学反应，瞬间产生大量的气体和热量，使周围压力急剧上升，发生爆炸，对周围环境造成破坏的物品。根据其爆炸危险性的大小，可分为具有整体爆炸危险的物质和物品、具有迸射危险但无整体爆炸危险的物质和物品、有燃烧危险并有局部爆炸危险或局部迸射危险或两种危险都有但无整体爆炸危险的物质和物品。

2. 特性

反应速度快：爆炸反应在瞬间完成，例如三硝基甲苯（TNT）爆炸时，反应时间极短，能在极短时间内释放出巨大的能量。

产生大量气体：爆炸过程中会产生大量的气体，这些气体在瞬间膨胀形成强大的冲击波。以硝化甘油为例，它爆炸时能产生大量的二氧化碳、氮气等气体，推动周围物体。

敏感度高：对热、机械作用（撞击、摩擦）、静电等外界因素敏感。如雷酸汞，受到轻微撞击或摩擦就可能发生爆炸。

（二）压缩气体和液化气体

1. 定义与分类

压缩气体是指在 –50℃时加压后完全是气态的气体，包括临界温度低于或者等于 –50℃的气体。液化气体是指在温度大于 –50℃时加压后部分是液态的气体，包括临界温度在 –50℃至 +65℃之间的高压液化气体和临界温度高于

+65℃的低压液化气体。根据其化学性质，可分为易燃气体、不燃气体、有毒气体。

2. 特性

可压缩性和膨胀性：这类气体可以被压缩成液态储存，当压力降低或温度升高时，又会迅速膨胀。例如，液态丙烷在常温下会迅速汽化，体积膨胀倍数大。如果容器不能承受其膨胀压力，就会发生破裂。

易燃易爆性（部分气体）：如氢气、乙炔等易燃气体，与空气混合能形成爆炸性混合物，遇火源会发生燃烧或爆炸。它们的燃烧速度快，爆炸极限范围较窄或较宽（氢气的爆炸极限是 4.0%—75.6%，乙炔的爆炸极限是 2.2%—81%）。

毒性（部分气体）：像氯气、一氧化碳等有毒气体，一旦泄漏，会通过呼吸道等途径进入人体，对人体造成毒害。例如，一氧化碳与人体血红蛋白结合，使血红蛋白失去携氧能力，导致人体组织缺氧。

（三）易燃液体

1. 定义与分类

易燃液体是指闭杯闪点≤61℃的液体、液体混合物或含有固体物质的液体，但不包括由于其危险性已列入其他类别的液体。按照闪点大小可分为低闪点液体（闪点＜-18℃）、中闪点液体（-18℃≤闪点＜23℃）和高闪点液体（23℃≤闪点≤61℃）。

2. 特性

挥发性：易燃液体具有较强的挥发性，如乙醇、汽油等，在常温下就能挥发出可燃蒸气。这些蒸气与空气混合后，一旦遇到火源就会燃烧。

易燃性：其蒸气与空气可形成爆炸性混合物，遇明火、高热极易燃烧爆炸。例如，乙醚的闪点为-45℃，非常容易燃烧，燃烧速度也比较快。

流动性：大多数易燃液体的粘度较小，具有良好的流动性。一旦容器破裂，液体会迅速流淌，扩大燃烧面积。如苯泄漏后会在地面流淌，遇到火源就会形成大面积的火灾。

（四）易燃固体

1. 定义与分类

易燃固体是指燃点低，对热、撞击、摩擦敏感，易被外部火源点燃，燃烧迅速，并可能散发出有毒烟雾或有毒气体的固体。可分为一级易燃固体（燃点低、易于燃烧和爆炸，燃烧速度快）和二级易燃固体（较一级易燃固体的燃烧性能稍差）。

2. 特性

易燃固体与氧化剂接触，能发生剧烈反应。例如，红磷是典型的易燃固体，在空气中燃烧时产生大量白烟（五氧化二磷），并且在一定条件下能与氯酸钾等氧化剂发生剧烈反应，引发爆炸。

（五）自燃物品

1. 定义与分类

自燃物品是指自燃点低，在空气中易发生氧化反应，放出热量而自行燃烧的物品。可分为一级自燃物品（化学性质活泼，在空气中能剧烈氧化，自燃点低）和二级自燃物品（化学性质较稳定，在空气中氧化速度较慢，自燃点相对较高）。

2. 特性

自燃物品不需要外界火源的作用就能自行燃烧。例如，黄磷在空气中能自燃，它在常温下与空气中的氧气发生氧化反应，产生的热量积累到一定程度就会引发自燃。

（六）遇湿易燃物品

1. 定义与分类

遇湿易燃物品是指遇水或受潮时，发生剧烈化学反应，放出大量的易燃气体和热量的物品。有些遇湿易燃物品还会发生爆炸。可分为一级遇湿易燃物品（与水反应剧烈，产生大量易燃气体，容易发生爆炸）和二级遇湿易燃物品（与水反应较缓慢，产生的易燃气体较少，较难发生爆炸）。

2. 特性

这类物品遇水反应剧烈，例如金属钠，遇水会产生氢气并放出大量的热量，氢气是易燃气体，热量的积累可能导致氢气燃烧甚至爆炸。

（七）氧化剂

1. 定义与分类

氧化剂是指处于高氧化态，具有强氧化性，易分解并放出氧和热量的物质。包括含有过氧基的无机物，其本身不一定可燃，但能导致可燃物的燃烧。可分为一级氧化剂（氧化性很强，易分解放出氧和热量，能引起燃烧和爆炸）和二级氧化剂（氧化性比一级氧化剂稍弱）。

2. 特性

氧化剂能与可燃物质发生剧烈的氧化反应。例如，高锰酸钾是常见的氧化剂，它与易燃的有机物如甘油混合时，在一定条件下会发生剧烈的氧化还原反应，引发燃烧甚至爆炸。

（八）有机过氧化物

1. 定义与分类

有机过氧化物是指分子组成中含有过氧基的有机物，其本身易燃易爆，极易分解，对热、震动或摩擦极为敏感。可分为 A 型（易于起爆或快速爆燃，或在封闭条件下加热时呈现剧烈效应）、B 型（有爆炸性，在封闭条件下加热时可能呈现剧烈效应）等类型。

2. 特性

有机过氧化物的分解温度较低，如过氧化苯甲酰，在较低温度下就能分解产生自由基，引发聚合反应或其他化学反应，并且在分解过程中可能产生大量的热，导致燃烧或爆炸。

（九）有毒品

1. 定义与分类

有毒品是指进入人体后，累积达一定的量，能与体液和器官组织发生化学作用或物理作用，扰乱或破坏机体的正常生理功能，引起某些器官和系统暂时性或永久性的病理改变，甚至危及生命的物品。根据毒性大小可分为剧毒品、有毒品等。

2. 特性

毒性作用多样：有毒品可以通过呼吸道、消化道、皮肤等途径进入人体。例如，氰化钾是剧毒物质，它进入人体后能抑制细胞呼吸酶的活性，导致细胞窒息，引起人体中毒死亡。不同有毒品对人体的毒性作用方式不同，有的影响神经系统，有的损害肝脏、肾脏等器官。

剂量-反应关系：毒性的强弱与进入人体的剂量有关。一般来说，剂量越大，毒性反应越严重。但有些有毒品即使是微量进入人体，长期积累也可能会产生严重的健康问题。

（十）腐蚀品

1. 定义与分类

腐蚀品是指能灼伤人体组织并对金属等物品造成损坏的固体或液体。根据其化学性质可分为酸性腐蚀品、碱性腐蚀品和其他腐蚀品。

2. 特性

腐蚀性：对人体皮肤、眼睛、呼吸道等组织有强烈的腐蚀性。例如，浓硫酸能使皮肤脱水碳化，造成严重的化学烧伤。对金属也有腐蚀作用，如盐酸能与金属铁发生反应，使其生锈、熔解。

氧化性（部分腐蚀品）：一些腐蚀品还具有氧化性，如硝酸，它在腐蚀金属的同时，自身被还原，产生的氮氧化物还可能对环境和人体造成危害。

二、化学品储存与使用风险

（一）化学品储存风险

1. 火灾和爆炸风险

易燃易爆化学品的积聚：高校实验室储存的化学品种类繁多，其中不乏易燃液体（如乙醇、丙酮等）和易燃固体（如红磷等）。如果这些化学品在储存过程中没有按照要求进行分类存放，大量易燃易爆化学品积聚在一起，一旦遇到火源、静电放电或高温等触发条件，就可能引发火灾或爆炸。例如，将装有乙醇的试剂瓶放置在靠近热源的地方，随着温度升高，乙醇挥发加剧，其蒸气与空气混合形成可燃混合气，遇到明火就会燃烧爆炸。

化学品之间的反应风险：有些化学品在储存时可能会因为相互接触而发生化学反应，产生热量、气体或其他不稳定物质，从而引发事故。例如，强氧化剂（如高锰酸钾）和易燃有机物（如甘油）如果不小心存放在一起，可能会发生剧烈的氧化还原反应，释放出大量的热，导致燃烧甚至爆炸。

2. 泄漏风险

包装损坏：化学品的包装在搬运、储存过程中可能会受到损坏。例如，试剂瓶在运输过程中受到碰撞，玻璃瓶破裂，导致里面的化学品泄漏。一些挥发性强的液体化学品，如浓盐酸，泄漏后会迅速挥发，产生有刺激性气味的氯化氢气体，对人体的呼吸道和眼睛等造成伤害。

密封失效：长时间的储存可能会导致化学品包装的密封材料老化、变质，从而使密封失效。以装有氢氧化钠溶液的塑料试剂瓶为例，经过长时间的放置，塑料瓶盖可能会因为化学腐蚀或物理变形而失去密封作用，溶液就会泄漏出来。如果是腐蚀性化学品泄漏，还会对储存设施和周围环境造成腐蚀。

3. 毒性风险

有毒化学品的挥发和扩散：许多高校实验室会储存有毒品，如氰化钾、苯等。这些有毒化学品在储存过程中可能会挥发，其蒸气在空气中扩散。如果储存场所通风不良，有毒蒸气浓度会逐渐升高，对进入该区域的人员造成中毒危害。例如，在一个通风不畅的仓库中储存大量的苯，苯挥发后，人员长时间暴露在高浓度的苯蒸气环境中，苯会通过呼吸道进入人体，损害人体的造血系统和神经系统。

意外摄入和接触风险：储存过程中，如果有毒化学品的包装标识不清或者被损坏，可能会导致人员在操作过程中误将其当作其他化学品，从而发生意外摄入或接触的情况。例如，将装有有毒化学品的无标识试剂瓶与食品或饮料放在一起，可能会被误饮，造成严重的中毒后果。

4. 腐蚀风险

对储存设施的腐蚀：酸性腐蚀品（如硫酸、硝酸等）和碱性腐蚀品（如氢氧化钠、氢氧化钾等）在储存过程中可能会腐蚀储存容器和储存架。如果使用的是金属储存架，酸性化学品泄漏后会与其发生化学反应，使金属架生锈、损坏，导致储存的化学品掉落，进一步引发其他风险。对于塑料容器，某些强氧化性的腐蚀品也可能会使其老化、变脆，降低容器的强度。

对周围环境的腐蚀：一旦腐蚀性化学品泄漏到地面或其他建筑设施上，会对其造成腐蚀。例如，浓盐酸泄漏到水泥地面上，会与水泥中的成分发生反应，破坏地面的结构。如果泄漏到电气设备上，还可能损坏电气设备，引发短路等电气安全问题。

（二）化学品使用风险

1. 化学反应失控风险

反应条件控制不当：在化学实验过程中，对反应温度、压力、反应物浓度等条件控制不准确是常见的风险因素。例如，在进行有机合成的高温高压反应时，如果加热速度过快或者冷却系统出现故障，导致反应温度过高，可能会使反应速度急剧加快，产生大量的气体或热量，使反应失控。这种情况可能会引发爆炸或冲料事故，对实验人员的生命安全和实验室设施造成严重危害。

反应物添加顺序和量错误：不同的化学反应对反应物的添加顺序和量有严

格的要求。如果实验人员在操作过程中不按照正确的顺序添加反应物或者添加的量超出了规定范围，可能会引发异常反应。例如，在进行一些氧化还原反应时，先加入了强还原剂，后加入氧化剂，可能会因为局部反应过于剧烈而产生危险。

2. 人体接触和吸入风险

化学灼伤和中毒：在使用化学品时，实验人员的皮肤、眼睛等部位可能会接触到腐蚀性或有毒化学品。例如，在倾倒浓硫酸时，如果不小心溅到手上，会造成皮肤灼伤。对于有毒化学品，如氯气，在使用过程中如果发生泄漏，实验人员吸入氯气后会引起呼吸道中毒，出现咳嗽、呼吸困难等症状。

防护措施不足：如果实验人员没有正确佩戴个人防护装备，如防护手套、护目镜、防毒面具等，在使用化学品时就更容易受到伤害。例如，在处理挥发性有机溶剂时，没有佩戴防毒面具，有机溶剂的蒸气会被吸入体内，对人体造成损害。

3. 火灾和爆炸风险

使用过程中的火源控制不当：在使用易燃化学品的过程中，周围存在明火、电火花等火源是非常危险的。例如，在使用乙醇等易燃液体进行实验时，如果附近有未熄灭的酒精灯或者电气设备产生的电火花，就可能引发火灾或爆炸。

化学反应产生可燃气体：有些化学实验在反应过程中会产生可燃气体。如果这些气体在实验室内积聚，没有及时排出并且遇到火源，就会发生燃烧或爆炸。例如，在进行金属与酸的反应时，会产生氢气，氢气在空气中达到一定浓度后，遇到明火就会爆炸。

4. 废弃物处理不当风险

化学废弃物混合风险：实验结束后，化学废弃物如果没有按照规定进行分类收集，将不同性质的废弃物混合在一起，可能会引发化学反应。例如，将含有重金属离子的废液和强碱性废液混合，可能会产生沉淀或释放出有毒气体。

非法排放风险：如果将未经处理的化学废弃物直接排放到下水道或环境中，会对环境造成严重污染。例如，将含有有机污染物的废液直接倒入下水道，这些污染物会进入水体，影响水质，对水生生物和生态环境造成危害。

第三节 生物危险因素

一、微生物危险

（一）生物安全等级相关危险

1. 一级生物安全实验室（BSL-1）

微生物种类：通常涉及的是已知不会导致健康成人疾病的微生物，如一些非致病性的大肠杆菌菌株。

危险因素：虽然这些微生物致病性较低，但在实验室环境中，如果实验人员操作不当，如在接种、培养过程中没有遵循无菌操作原则，可能会导致微生物意外传播，污染实验室环境。另外，对于一些免疫力低下的个体，如正在接受免疫抑制治疗的人员，这些微生物仍可能引发轻微的感染症状，如腹泻等。

2. 二级生物安全实验室（BSL-2）

微生物种类：包括一些中等致病性的微生物，如流感病毒、金黄色葡萄球菌等。这些微生物可以引起人类疾病，但通常有有效的预防和治疗方法。

危险因素：在实验操作过程中，如样本的采集、离心、移液等环节，可能会产生气溶胶。气溶胶是悬浮在空气中的微小颗粒，其中可能含有微生物。实验人员如果吸入这些含有病原体的气溶胶，就可能被感染。例如，在对流感病毒样本进行离心操作时，若离心管破裂，病毒可能会以气溶胶的形式释放到空气中。此外，微生物意外泄漏，如培养皿打翻、液体样本洒出等情况，也会对实验室人员和环境构成威胁。

3. 三级生物安全实验室（BSL-3）

微生物种类：主要涉及一些能够引起严重的甚至是致命疾病的微生物，如结核分枝杆菌、SARS-CoV-2（2019新型冠状病毒，在一些特定研究场景下）等。这些微生物可能通过气溶胶传播，并且感染后可能导致严重的健康问题，如结核病会对肺部造成严重损害。

危险因素：除了气溶胶传播风险外，在该级别实验室中，由于所研究的微生物致病性强，防护设备如果出现故障，如生物安全柜的高效过滤器破损，会导致微生物泄漏到实验室内部。而且，实验过程中涉及的一些操作，如动物感染实验，可能会增加微生物传播的复杂性和风险。另外，三级生物安全实验室对人员的进出管理和废弃物处理要求更为严格，一旦管理出现漏洞，如未经彻底消毒的废弃物带出实验室，可能会引发外部环境的污染和疾病传播。

4. 四级生物安全实验室（BSL-4）

微生物种类：处理的是对生命有高度危害的致病性微生物或毒素，如埃博拉病毒、马尔堡病毒等。这些微生物具有极高的致病性和致死率，目前可能还没有非常有效的治疗方法。

危险因素：在四级生物安全实验室中，任何微小的防护失误都可能导致灾难性的后果。从人员进入实验室的复杂更衣和消毒程序，到实验操作过程中的严格防护措施，如正压防护服的使用，再到实验结束后的彻底消毒和废弃物处理环节，每一个步骤都至关重要。一旦发生病毒泄漏，不仅实验室内部人员会面临生命威胁，而且由于这些病毒的高传染性和严重性，可能会引发区域性甚至全球性的公共卫生危机。

（二）微生物的传播途径相关危险

1. 气溶胶传播

产生方式：在微生物实验中，许多操作会产生气溶胶，如液体的振荡、样本的研磨、使用移液管吹吸液体等。例如，在对含有细菌的液体样本进行涡旋振荡时，液体表面的微生物会随着微小的液滴形成气溶胶。

危害后果：气溶胶中的微生物可以在空气中悬浮较长时间，实验人员在呼吸过程中容易将其吸入体内，从而导致感染。而且，气溶胶能够随着实验室的通风系统扩散到其他区域，扩大污染范围。例如，在一个生物安全防护等级较低的实验室中，如果没有对气溶胶进行有效控制，含有病毒的气溶胶可能会传播到相邻的办公区域。

2. 接触传播

直接接触：实验人员在处理微生物样本时，如果没有佩戴合适的防护手套，手部皮肤直接接触到含有病原体的样本，如含有致病真菌的培养物，就可能会被感染。这种感染可能会导致皮肤病变，如真菌感染引起的癣等。

间接接触：当微生物污染了实验室的仪器设备、实验台面等物体表面后，其他人员接触这些被污染的物体也可能会被感染。例如，使用被细菌污染的移液器，如果后续人员没有对其进行消毒处理就直接使用，手上的伤口接触到细菌后就可能引发感染。

3. 经口传播

意外摄入：在实验室中，可能会因为一些不规范的操作导致微生物经口进入人体。例如，在实验室吃东西、饮水，或者在操作过程中用手触摸嘴巴等行为，都可能使口腔接触到含有微生物的物质。如果手上沾有被病毒污染的样本，就可能会感染病毒。另外，一些微生物可能会污染实验室的饮用水源，从而引发感染。

（三）微生物的特性相关危险

1. 致病性

疾病类型和严重程度：不同的微生物具有不同的致病性，从引起轻微的局部感染到全身性的严重疾病不等。例如，破伤风杆菌能够产生破伤风毒素，一旦进入人体伤口，会引起破伤风，导致肌肉痉挛、呼吸困难等严重症状；而白色念珠菌等真菌可能会引起口腔或阴道的局部念珠菌病，表现为黏膜炎症等相对较轻的症状。

易感人群差异：微生物对不同人群的致病性也有所不同。老年人、儿童、孕妇以及免疫功能低下的人群（如艾滋病患者、接受化疗的癌症患者等）更容易受到微生物感染，而且感染后的症状可能会更严重。例如，对于免疫功能正常的个体，感染巨细胞病毒可能没有明显的症状，但对于免疫缺陷患者，巨细胞病毒感染可能会导致严重的肺炎、视网膜炎等疾病。

2.耐药性

产生机制：在微生物的生存和繁殖过程中，由于长期接触抗生素等抗菌药物，一些微生物可能会发生基因突变或通过基因转移获得耐药基因，从而产生耐药性。例如，金黄色葡萄球菌对甲氧西林产生耐药性，形成耐甲氧西林金黄色葡萄球菌（MRSA）。

危险因素：耐药微生物的出现使得治疗感染变得更加困难。当实验室研究这些耐药微生物时，如果发生泄漏，可能会导致耐药菌在医院、社区等环境中的传播，增加感染控制的难度。而且，在实验过程中，如果使用不恰当的抗菌药物来处理含有耐药菌的样本，可能会进一步筛选和富集耐药菌，加剧耐药性问题。

二、生物样本危险

（一）样本采集过程中的危险因素

人员暴露风险：在采集生物样本时，如血液、组织、痰液等，工作人员可能会直接接触到含有病原体的样本。例如，在采集传染病患者的血液样本时，如果没有正确佩戴手套，或者手套在操作过程中破损，病原体可能会通过皮肤破损处进入人体，导致感染。另外，采集过程中可能会产生飞溅，像在采集咽拭子样本时，患者咳嗽或打喷嚏可能使含有病毒的飞沫溅到采集人员的眼睛、口腔或鼻腔等黏膜部位，引发感染。

样本污染风险：采集工具和容器如果没有经过严格的消毒处理，可能会将外界的微生物引入样本，导致样本污染。例如，使用未经灭菌的采血针采集血液样本，可能会使血液被细菌污染，影响后续检测结果的准确性。而且，采集现场的环境条件也可能影响样本质量，如在不洁净的环境中采集组织样本，灰尘、其他微生物等杂质可能混入样本。

（二）样本运输过程中的危险因素

包装安全性：生物样本需要使用合适的包装材料进行包装，以防止样本泄漏和外界因素对样本的破坏。如果包装不符合要求，如包装容器密封性差，在运输过程中可能会出现样本泄漏的情况。对于含有高致病性微生物的样本，泄漏不仅会对运输人员构成威胁，还可能污染运输工具和周围环境。例如，运输含有病毒的液体样本时，若容器破裂，病毒可能会扩散到车厢等运输环境中。

温度和环境控制：许多生物样本对温度、湿度等环境条件有严格要求。例如，一些核酸样本需要在低温环境下保存和运输，以防止核酸降解。如果在运输过程中温度控制不当，可能会导致样本变质，影响实验结果。此外，运输过程中的震动、光照等因素也可能对样本质量产生不利影响，如某些细胞样本在受到过度震动后可能会出现细胞破裂等情况。

运输资质和监管：对于含有特定病原体的生物样本，如高致病性微生物样本，需要有相应运输资质的单位和人员进行运输，并且要遵循严格的运输监管规定。如果没有资质的单位或人员参与运输，或者运输过程中违反监管规定，如未按照规定路线运输、未及时报备运输信息等，可能会增加样本丢失、泄漏等风险。

（三）样本储存过程中的危险因素

储存设施安全：生物样本的储存需要合适的设施，如冰箱、液氮罐等。如果储存设施出现故障，如冰箱温度失控，对于一些需要低温保存的样本，如疫苗、菌种等，可能会导致样本失活或变质。液氮罐的安全阀如果出现问题，液氮泄漏可能会对人员造成冻伤，同时也会损坏样本。另外，储存设施的防盗措施也很重要，防止样本被盗用或恶意破坏。

样本标识和管理：准确的样本标识是确保样本安全和正确使用的关键。如果样本标识不清或错误，可能会导致样本在使用过程中被误用。例如，将含有不同病原体的样本标签弄混，可能会使实验人员在研究过程中采取错误的防护措施，增加感染风险。而且，样本的库存管理也很重要，需要及时更新样本的出入库记录，确保样本数量准确，防止样本丢失。

交叉污染风险：在储存过程中，不同类型的生物样本如果没有进行合理的分区存放，可能会发生交叉污染。例如，将含有病毒的样本和含有细菌的样本放置在过于靠近的位置，一旦包装出现微小的破损或泄漏，可能会导致两种病原体相互污染，影响后续的实验研究。

（四）样本使用过程中的危险因素

实验操作规范：在使用生物样本进行实验时，如细胞培养、病原体检测等，必须严格遵守实验操作规范。例如，在进行细胞培养操作时，如果没有在无菌环境下进行，或者在操作过程中引入了杂菌，可能会导致细胞培养失败。对于涉及病原体的实验，如不按照生物安全等级要求进行操作，可能会产生气溶胶，使实验人员暴露于病原体中。

个人防护装备：实验人员在使用生物样本时需要正确佩戴个人防护装备，如手套、口罩、护目镜、防护服等。如果防护装备佩戴不当，如手套没有覆盖袖口，可能会使皮肤暴露在样本污染的环境中。而且，防护装备的质量也很重要，劣质的防护装备可能无法有效阻挡病原体的侵入。

样本活性控制：在一些实验中，需要对样本的活性进行控制。例如，在研究病毒的传播特性时，如果在实验过程中不能有效控制病毒的活性，可能会导致病毒传播失控，对实验室人员和环境造成危害。同时，对于一些转基因生物样本，其释放到环境中的活性也需要严格控制，防止对生态环境造成不良影响。

第四节 风险评估方法与流程

一、定性与定量评估方法

(一) 定性评估方法

1. 安全检查表法

基本原理：安全检查表是一种基于经验和标准规范的检查工具。它将实验室的安全要求和注意事项列成清单，通过对实验室各个环节进行逐一检查，确定其是否符合安全要求。检查表的内容可以涵盖实验室的设施设备、操作规程、人员资质等多个方面。

具体应用：例如在检查实验室电气设备安全时，检查表中会列出诸如"电气设备是否接地良好""插座是否完好无损""电线是否有破损或老化现象"等项目。检查人员只需根据实际情况在每个项目后标记"是"或"否"。通过对所有项目的检查结果汇总，可以对实验室电气安全状况有一个定性的判断，如"基本安全""存在一定安全隐患"或"安全隐患严重"。

2. 专家评估法

基本原理：邀请在实验室安全、管理、技术等领域具有丰富经验的专家，对实验室进行实地考察和评估。专家根据自己的专业知识、经验以及相关标准和法规，对实验室的安全状况、管理水平、技术能力等方面进行综合评价。

具体应用：比如在评估高校化学实验室的危险化学品管理时，专家会考察化学品的储存条件、使用记录、应急处理措施等。专家凭借其专业判断，可能会给出诸如"该实验室危险化学品管理较为规范，但在储存分类方面还存在一些小问题，需要改进"之类的定性评价。这种方法的优点是专家能够综合考虑多种复杂因素，但其主观性相对较强。

3. 事故树分析（FTA）

基本原理：事故树分析是一种演绎推理法。它从可能导致事故的顶上事件（如实验室火灾、爆炸等重大事故）出发，逐步分析其发生的原因，通过逻辑门（与门、或门等）将各个事件连接起来，构建事故树。在定性分析阶段，主要是找出导致顶上事件发生的所有可能的基本事件组合，即最小割集。

具体应用：以实验室火灾事故为例，顶上事件为"实验室火灾"，中间事件可能包括"易燃物泄漏""火源存在"等，基本事件可能有"化学品储存容器破裂""电气设备短路产生火花"等。通过分析事故树，可以定性地确定哪些基本事件的组合最容易导致火灾事故，从而有针对性地采取预防措施。

4. 失效模式与效应分析（FMEA）

基本原理：FMEA 是一种在产品或系统设计阶段常用的风险评估方法，在实验室评估中也可应用。它主要是对实验室的各个组成部分（如设备、操作流程等）可能出现的失效模式进行分析，评估每种失效模式对系统（实验室整体功能）的影响程度。

具体应用：例如对实验室的离心机进行 FMEA 分析时，可能的失效模式有"电机故障""转头不平衡""制动装置失灵"等。对于每种失效模式，分析其对离心机正常功能（如离心效果、安全性等）的影响，如"电机故障会导致离心机无法正常运转，且可能因突然断电产生其他安全隐患"，从而定性地评估离心机的风险程度。

（二）定量评估方法

1. 风险矩阵法

基本原理：风险矩阵法是一种将风险的可能性和严重性进行量化，并通过矩阵形式表示的方法。首先，确定风险发生的可能性等级（如用 1—5 表示从可能性极低到可能性极高）和风险后果的严重性等级（如用 1—5 表示从轻微影响到灾难性影响）。然后，将可能性等级和严重性等级相乘，得到风险值。

具体应用：在评估高校实验室生物安全风险时，以"实验室人员感染病原体"为风险事件。如果根据历史数据和经验判断，该事件发生的可能性为3（有一定可能性），后果严重性为4（较严重，如可能导致人员长期患病），则风险值为12。通过设定风险值的阈值（如0—5为低风险、6—10为中风险、11—25为高风险），可以对该风险事件进行定量的风险等级划分。

2. 层次分析法（AHP）

基本原理：AHP是一种将复杂问题分解为多个层次，通过建立层次结构模型、构造判断矩阵、计算权重向量和进行一致性检验等步骤，对各因素进行综合评价的方法。在实验室评估中，可以将实验室安全等复杂问题分解为设施设备安全、人员安全、环境安全等多个子层次。

具体应用：例如在评估高校实验室整体安全水平时，首先构建层次结构模型，包括目标层（实验室安全水平）、准则层（设施设备、人员、环境等）和方案层（具体的实验室）；其次通过专家打分等方式构造判断矩阵，计算各准则层因素对目标层的权重；最后对每个实验室在各准则层下的表现进行量化打分，结合权重计算出每个实验室的安全水平得分，实现定量评估。

3. 模糊综合评价法

基本原理：由于实验室安全等评估中存在很多模糊概念，模糊综合评价法就很适用。它首先确定评价指标集（如实验室安全的指标可以包括安全设施完善程度、人员安全意识、操作规程执行情况等）和评价等级集（如"优""良""中""差"）。然后，建立模糊关系矩阵，通过模糊变换得到综合评价结果。

具体应用：以评估高校实验室的安全管理水平为例，确定评价指标集包括管理制度健全性、培训效果、应急响应能力等。邀请专家或相关人员对每个指标进行模糊评价，如对"管理制度健全性"这一指标，认为"优"的占30%，"良"的占50%，"中"的占20%，以此构建模糊关系矩阵。经过一系列计算，得到实验室安全管理水平的综合评价结果，如"良"等，并可以进一步将其量化为具体的得分，用于实验室之间的比较。

二、风险等级划分

（一）低风险等级

1. 风险特征

风险发生的可能性较低，并且即使风险发生，造成的后果也相对轻微。例如，在实验室中，一些普通的玻璃仪器（如普通的玻璃烧杯、玻璃棒）偶尔的破损，可能会导致少量液体洒出，这种情况对人员的伤害风险较小，对实验进程的影响也不大。

对于一些低毒性的化学试剂，在正常的操作环境下，即使发生小量的泄漏，通过简单的清理措施就可以避免对人体和环境造成严重危害。比如实验室常用的氯化钠溶液，其毒性极低，少量泄漏不会产生明显的不良影响。

2. 典型场景

在物理实验室中，进行简单的基础实验，如利用滑轮组测量力的实验，只要按照正确的操作规程进行，几乎不会出现危险情况。实验设备的危险性较低，实验过程中产生的能量变化（如拉力、摩擦力等）也在安全范围内。

在生物实验室中，对非致病性微生物（如面包酵母）进行常规培养实验，只要遵循基本的无菌操作原则，微生物泄漏的风险极低，并且这些微生物对人体健康几乎没有危害。

（二）中风险等级

1. 风险特征

风险发生的可能性处于中等水平，发生后可能会对人员、实验设备或环境造成一定程度的损害。例如，实验室中的一些电气设备（如小型离心机），如果在运行过程中出现故障，可能会导致样品飞溅、设备损坏，对操作人员造成一定的伤害，如轻微的擦伤或烫伤。

对于一些具有一定毒性或腐蚀性的化学试剂，在使用过程中如果发生泄漏，可能会对人体造成化学灼伤或中毒，但通过及时的应急处理措施（如冲洗、解毒等）可以控制危害程度。比如实验室中使用的稀硫酸，若发生泄漏，会腐蚀皮肤和实验台面，但及时冲洗可以减轻伤害。

2. 典型场景

在化学实验室中，进行有一定危险性的有机合成实验，如使用有机溶剂进行萃取操作。有机溶剂具有挥发性和易燃性，如果在通风不良的环境中操作，有机溶剂挥发积聚，遇到明火或静电可能会引发火灾，但如果实验室配备了基本的消防设施并且人员能够及时发现并处理，火灾可以得到控制。

在生物实验室中，对一些低致病性但具有潜在感染风险的微生物（如大肠杆菌 K-12）进行实验，在操作过程中（如离心、移液等）如果产生气溶胶，可能会使实验人员暴露于微生物环境中，有一定的感染风险，但感染后症状通常较轻，且可以通过适当的医疗措施治疗。

（三）高风险等级

1. 风险特征

风险发生的可能性较高，并且一旦发生，会对人员生命安全、实验室设施造成严重破坏，还可能对周围环境产生重大的、难以挽回的影响。例如，在实验室中使用高毒性的化学物质（如氰化钾），如果发生泄漏，会对人体造成致命的中毒伤害，并且很难进行有效的现场急救。

对于一些易燃易爆且能量释放巨大的物质（如氢气、乙炔等压缩气体），如果发生爆炸，不仅会摧毁实验室设备，还可能引发连锁反应，导致建筑物结构损坏，危及周边人员的生命安全。

处理高致病性微生物（如埃博拉病毒、结核分枝杆菌等）的实验室，如果出现微生物泄漏，可能会引发严重的传染病疫情，对社会公共卫生安全构成巨大威胁。

2. 典型场景

在化学实验室中，进行高温高压的化学反应，如使用高压反应釜进行合成反应。如果反应釜的安全阀失效、压力失控，可能会发生爆炸，释放出大量的高温、有毒有害的化学物质，对整个实验室造成毁灭性的打击。

在三级或四级生物安全实验室中，研究高致病性微生物时，防护设施（如生物安全柜、负压隔离系统等）一旦出现故障，微生物泄漏到外界环境的可能性较大，并且这些微生物的高传染性和致病性会导致严重的后果。

第五章

实验室安全防护设施与设备

第一节　个人防护装备

一、实验服的选择与使用

（一）实验服的选择

1. 材质方面

一般化学实验室，最好选择由耐化学腐蚀的材质制成的实验服，如聚酯纤维和棉混纺的材料。这种材料既能抵御一些常见化学试剂的腐蚀，又具有一定的舒适性。例如，在有酸碱接触风险的实验中，它可以防止试剂渗透，保护身体。

对于生物实验室，尤其是涉及高致病性微生物的实验室，实验服应具有良好的防护性和抗菌性，如采用带有防水、防菌涂层的材料。这样可以防止微生物附着和渗透，减少感染风险。

2. 款式方面

实验服应是长袖、长裤的款式，能够全面覆盖身体，避免皮肤暴露。袖口最好是紧口设计，防止液体或其他有害物质从袖口进入。

前面要有足够的覆盖面积，最好带有拉链或纽扣，方便穿脱，并且在实验过程中能够紧密闭合，防止飞溅物进入。

(二)实验服的使用

1. 穿戴规范

穿戴实验服前,要确保实验服干净、整洁,没有破损。先将双手伸进衣袖,然后拉上拉链或扣好纽扣。实验服的领口要整理好,不能过于宽松,以免在实验过程中被仪器设备钩住。

在一些特殊实验室,如洁净实验室或生物安全实验室,可能需要在特定的更衣室按照规定的程序穿戴实验服,以确保实验服外部没有被污染。

2. 使用过程中的注意事项

实验过程中,如果实验服被化学试剂或生物样本污染,要及时更换或进行适当的处理。例如,被少量酸碱试剂污染的实验服,可以先用大量清水冲洗,然后根据试剂性质进行中和等处理。

不要在实验服外面佩戴尖锐的物品,如胸针等,以免划破实验服。同时,避免将实验服穿出实验室区域,防止将实验室的有害物质带到外部环境。

3. 脱卸规范

实验结束后,在合适的区域脱卸实验服。一般要将实验服从正面解开,然后将双臂缓慢抽出,尽量避免抖动实验服,防止上面的污染物扩散。

在处理高风险物质(如高致病性微生物、剧毒化学品)的实验室,脱卸实验服可能需要遵循更严格的程序,如在消毒区域进行消毒后再脱卸,脱卸后的实验服要放入专门的收集容器进行消毒处理。

二、手套的选择与使用

(一)手套的选择

1. 根据实验类型选择

对于化学实验,要根据接触的化学试剂性质来选择手套。如果接触有机溶剂,如苯、甲苯等,应选择耐有机溶剂的丁腈手套。丁腈手套对多种有机溶剂有较好的耐受性，能有效防止化学物质的渗透。

在处理强酸碱试剂时，如浓硫酸、氢氧化钠溶液等，需要使用耐酸碱的手套，如橡胶手套。但要注意不同橡胶材质的耐酸碱性能有所差异，例如，天然橡胶手套对一些有机酸和碱有较好的耐受性，但对某些强氧化性酸（如硝酸）耐受性较差。

在生物实验室，进行一般的微生物操作可以使用一次性乳胶手套，它具有良好的弹性和贴合性，能提供一定的防护，防止微生物接触皮肤。但对于乳胶过敏的人员，则可选用丁腈手套或聚氯乙烯（PVC）手套。在处理高致病性微生物时，可能需要使用双层手套，以增加防护效果。

2. 尺寸合适性

手套的尺寸要合适，不能过紧或过松。过紧的手套会影响手部血液循环，操作不灵活；过松的手套容易在操作过程中滑落，降低防护效果。一般在选择手套时，要试戴一下，确保手指能够自然伸展，手套贴合手部。

（二）手套的使用

1. 穿戴规范

穿戴手套前，要检查手套是否有破损、漏洞等情况。将手套从包装中取出后，要小心地将手指伸进手套，避免指甲或其他尖锐物体划破手套。对于双层手套，先戴内层手套，确保其贴合手部后，再戴外层手套，外层手套要覆盖内层手套的袖口。

2. 使用过程中的注意事项

在操作过程中，如果手套被刺破、撕裂或被化学物质、生物样本污染，要立即更换手套。例如，在使用注射器进行液体转移时，如果不小心刺破手套，要及时更换新的手套。

不要触摸脸部、眼睛等部位，防止手套上的有害物质接触到这些敏感区域。在需要触摸这些部位时，要先摘下手套，清洁双手后再进行操作。

3. 脱卸规范

脱卸手套时，要避免手套外侧的污染物接触到皮肤。一般是用一只手抓住另一只手套的外侧边缘，将手套从手上脱下，然后将脱下的手套握在戴着手套的手中。再用另一只手伸进手套内侧，将手套从里向外翻过来脱下，将两只手套包裹在一起，放入专门的手套回收容器中。

三、护目镜的选择与使用

（一）护目镜的选择

1. 根据实验风险选择

在化学实验中，如果存在化学飞溅的风险，如进行酸碱中和反应、有挥发性化学试剂参与的实验等，应选择能够有效防止化学液体飞溅的护目镜。这种护目镜通常具有良好的密封性，能够覆盖眼睛周围的区域，防止液体从侧面或上方进入眼睛。

对于有强光、紫外线、红外线等辐射风险的实验，如激光实验、涉及高温熔炉的实验等，要选择能够阻挡相应辐射的护目镜。例如，激光护目镜能够根据激光的波长选择合适的防护波段，有效保护眼睛免受激光伤害。

在生物实验室，进行可能产生气溶胶的实验（如细菌培养物的离心、病毒样本的处理等），选择能够防止微小颗粒进入眼睛的护目镜，同时要考虑护目镜的通风性，以避免镜片起雾影响视线。

2. 舒适性和适配性

护目镜的佩戴要舒适，不能对鼻梁、耳部等部位造成过度压迫。镜架的设计要符合人体工程学，能够稳定地佩戴在头上。镜片的清晰度要高，不能有明显的光学畸变，以免影响实验操作的视觉效果。

（二）护目镜的使用

1. 穿戴规范

佩戴护目镜前，要检查护目镜是否有损坏，如镜片是否有划痕、镜框是否有松动等。将护目镜轻轻放在眼睛前方，调整好位置，使镜片能够完全覆盖眼睛，并且镜腿要舒适地挂在耳朵上，鼻托要贴合鼻梁。

2. 使用过程中的注意事项

在实验过程中，如果护目镜被污染，如被化学试剂溅到或被气溶胶覆盖，要及时清洁或更换护目镜。清洁护目镜时，要根据污染物质的性质选择合适的清洁方法。例如，被化学试剂污染的护目镜，可以先用清水冲洗，然后用温和的清洁剂擦拭，最后用清水冲洗干净。

不要随意摘下护目镜，尤其是在存在风险的实验操作过程中。如果需要暂时摘下护目镜，如调整实验设备等，要确保周围环境安全，没有飞溅物或辐射等风险。

3. 脱卸规范

实验结束后，用双手轻轻摘下护目镜，不要单手拉扯，以免损坏护目镜。将摘下的护目镜放在专门的存放盒中，避免镜片被刮擦。如果护目镜需要消毒处理，要按照规定的消毒程序进行，如用合适的消毒剂浸泡或擦拭，然后用清水冲洗干净，晾干后存放。

第二节 通风系统

一、通风橱的原理与使用规范

（一）通风橱的原理

1. 通风系统

通风橱主要依靠通风系统来实现其功能。其核心部件是风机，风机运转时会在通风橱内部产生负压环境。一般情况下，通风橱的排风量较大，能够使空气从通风橱外部（通常是室内环境）向通风橱内部流动。

通风橱的管道连接着风机和室外环境，当风机启动后，通风橱内的空气（包含实验过程中产生的有害气体、蒸气或粉尘等）会通过管道被排到室外，从而有效防止有害物在室内积聚，保护实验室人员的健康和安全。

2. 气流组织

通风橱内部的气流组织是保证其有效工作的关键因素之一。通常通风橱的正面（操作人员站立的一侧）会有一个开口，开口处的气流速度是经过设计的，称为面风速。合适的面风速能够确保有害气体等被有效地吸入通风橱内部。

通风橱内部的气流一般从通风橱的前开口进入，然后向上或向后流动，最终通过管道排出。这种气流组织方式可以防止有害物泄漏到实验室环境中，同时也能够避免实验操作受到外界气流的干扰。例如，在化学实验中，当实验人员在通风橱内进行加热反应产生有害蒸气时，蒸气会随着通风橱内部的气流被带走，而不会扩散到操作人员所在的区域。

（二）通风橱的使用规范

1. 操作前的准备

检查设备：在使用通风橱之前，要仔细检查通风橱的各项功能是否正常。首先检查风机是否能够正常启动，可以通过观察风机的指示灯或者听风机运转的声音来判断。同时，检查通风橱的玻璃门是否能够正常开关和密封，玻璃是否有破损，因为玻璃门的密封性直接影响通风橱的防护效果。

调节面风速：根据实验的性质和产生有害物的程度，合理调节通风橱的面风速。一般来说，面风速应保持在 0.4—0.6m/s。可以使用通风橱上配备的风速调节装置进行调节，并通过风速仪进行测量。如果面风速过低，有害气体可能无法完全被吸入通风橱内；如果面风速过高，可能会导致通风橱内的实验物品受到外界气流的干扰，影响实验操作。

2. 操作过程中的注意事项

正确放置实验物品：将实验装置和化学试剂等放置在通风橱内部合适的位

置,尽量靠近通风橱的后壁,远离通风橱的前开口。这样可以确保产生的有害气体在被吸入通风橱内部时能够有足够的距离,减少泄漏的可能性。例如,在进行有挥发性有机溶剂参与的实验时,将含有有机溶剂的容器放置在通风橱的后部,当有机溶剂挥发时,能够更好地被通风系统带走。

保持玻璃门处于合适位置:在实验过程中,要根据实验操作的需要和有害物产生的情况,合理调整通风橱玻璃门的开度。一般情况下,玻璃门应尽量保持较低的开度,以保证通风橱内部的负压状态,但同时也要方便实验人员进行操作。当实验产生大量有害气体或有较大的爆炸风险时,应将玻璃门关小,但不要完全关闭,因为完全关闭玻璃门可能会影响通风橱的正常通风,甚至导致玻璃门因内部压力变化而损坏。

避免干扰通风橱内气流:实验人员在操作过程中要注意自己的身体姿势和动作,避免阻挡通风橱前开口的气流进入。例如,不要将手臂长时间放置在通风橱前开口处,也不要在通风橱前堆放过多的物品,以免影响通风效果。同时,避免在通风橱附近使用大型的通风设备(如风扇),防止外界气流干扰通风橱内的气流组织。

3. 操作后的整理

关闭实验装置和清理物品:实验结束后,首先要关闭实验装置,如关闭加热设备、停止化学反应等。然后将实验物品整理好,清理通风橱内部的实验残渣和废弃物。对于剩余的化学试剂,要妥善密封保存,并放置在通风橱内指定的位置。

继续通风一段时间:即使实验已经结束,通风橱也应该继续运行一段时间,以确保通风橱内残留的有害气体被完全排出。这段时间的长短可以根据实验产生有害气体的性质和数量来确定,一般建议继续通风 5—10 分钟。

关闭通风橱:在确认通风橱内没有残留有害气体后,可以关闭通风橱。先关闭风机,然后检查通风橱的其他部件是否已经恢复到初始状态,如玻璃门是否关好等。

二、实验室整体通风设计

(一) 整体通风设计的目标与原则

1. 目标

高校实验室整体通风设计的主要目标是保障实验室空气质量,排出实验过程中产生的有害气体、蒸气、粉尘等污染物,为实验人员提供健康、安全的工作环境。同时,要确保通风系统不会对实验设备的正常运行和实验结果产生干扰,并且要符合节能和环保的要求。

2. 原则

安全性原则:通风系统应能有效防止有害物泄漏,确保实验室内的有害物质浓度始终低于安全限值。例如,在设计化学实验室通风时,对于产生剧毒气体的实验区域,要设置独立的通风管道和高效的净化装置,防止气体扩散。

合理性原则:通风量的计算要合理,根据实验室的空间大小、实验类型、设备数量和人员密度等因素确定合适的通风量。同时,通风系统的布局要考虑实验室的功能分区,使气流组织合理,避免交叉污染。

适应性原则:设计的通风系统应能够适应实验室未来可能的变化,如实验项目的增加、设备的更新等。这就要求通风系统具有一定的灵活性和可扩展性,能够方便地进行改造和升级。

(二) 通风方式的选择

1. 自然通风

原理与特点:自然通风是依靠室内外的温度差和风压来实现空气交换。当室外温度低于室内温度时,室内热空气上升,从建筑物的上部开口排出,室外冷空气从下部开口进入室内。自然通风不需要额外的动力设备,成本较低,而且能提供良好的室内空气质量。

适用场景:在一些对通风要求不高的实验室,如普通物理实验室或生物观察实验室,当实验过程中产生的有害物较少时,可以考虑自然通风。例如,在一个以观察植物标本为主的生物实验室,自然通风可以满足室内空气更新的需求。

2. 机械通风

(1) 局部通风

原理与特点:局部通风主要是针对实验室内局部产生有害物的区域进行通风。例如通风橱、生物安全柜等设备,它们通过风机在局部区域形成负压,将有害气体直接从产生源附近抽走,具有通风效率高、针对性强的特点。

适用场景:在化学实验室中,对于使用挥发性化学试剂的实验台、产生粉尘的研磨设备等区域,应设置局部通风设备。如在有机化学实验中,每个实验台都配备通风橱,确保有机溶剂挥发产生的有害蒸气能及时排出。

(2) 全面通风

原理与特点:全面通风是对整个实验室空间进行通风换气,通过送风和排风系统使室内空气得到全面更新。它可以稀释室内的有害物浓度,使整个实验室环境达到安全标准。全面通风系统包括送风系统和排风系统,送风口和排风口的位置和数量需要根据实验室的布局和通风要求进行合理设计。

适用场景:在实验室面积较大、实验设备和人员分布较分散,且可能在多个区域产生有害物的情况下,全面通风是必不可少的。例如,一个综合性的材料实验室,有多个不同类型的实验区域,如化学分析区、材料制备区和性能测试区,全面通风可以保证整个实验室的空气质量。

(三) 通风量的计算

1. 根据实验类型计算

不同的实验类型,产生有害物的量和速度是不同的。以化学实验室为例,根据实验中使用的化学试剂的挥发量、化学反应产生气体的量等来计算通风量。例如,在使用易挥发有机溶剂(如乙醇)的实验中,通风量要根据乙醇的挥发速度、实验室允许的乙醇浓度限值等因素来确定。一般可以通过物质平衡法来计算,即进入实验室的空气量加上实验产生的有害气体量等于排出实验室的空气量(包含有害气体)。

2. 根据人员数量计算

人员在实验室中会呼出二氧化碳等气体,同时也需要足够的新鲜空气来维持舒适的工作环境。一般按照每人每小时所需的新鲜空气量来计算。例如,在一个人员密集的实验室,根据相关标准,每人每小时需要 30—50m³ 的新鲜空气,结合实验室的人员数量就可以计算出基于人员需求的通风量。

3. 根据设备散热量计算(对于有温度控制要求的实验室)

有些实验室设备在运行过程中会产生大量的热量,如烘箱、马弗炉等。为了维持实验室的温度稳定,需要通过通风系统带走这些热量。通风量可以根据设备的散热量、空气的比热容和室内外温差等因素来计算。例如,一个功率为 5kW 的烘箱,根据热量平衡方程和空气的物理性质,可以计算出将实验室温度维持在合适的范围内所需要的通风量。

(四)通风管道的设计与布局

1. 管道材料选择

根据实验室通风的性质选择合适的管道材料。对于一般的通风系统,如排送普通空气的管道,可以使用镀锌钢板制作,它具有较好的强度和耐腐蚀性。如果通风系统要输送含有腐蚀性气体的空气,如含有氯化氢、二氧化硫等酸性气体的空气,需要使用耐酸材料制作管道,如聚氯乙烯(PVC)塑料管道。

2. 管道尺寸确定

管道尺寸(直径或截面积)要根据通风量和风速来确定。一般来说,为了减少阻力,管道内的风速不宜过高。在设计时,首先根据计算得到的通风量,结合允许的风速范围(如主管道风速一般为 6—14m/s,支管道风速为 4—8m/s)来计算管道的截面积,进而确定管道的尺寸。

3. 管道布局

通风管道的布局要考虑实验室的建筑结构和实验设备的位置。管道应尽量避免弯曲和变径，减少阻力。排风口应设置在有害物浓度较高的区域，如实验设备上方或产生有害气体的实验台附近。送风口则要均匀分布在实验室空间，使新鲜空气能够均匀地进入室内。同时，要考虑管道与其他建筑设施（如天花板、墙壁、电气线路等）的协调性，避免相互干扰。

（五）通风系统的监控与维护

1. 监控系统

安装通风系统的监控设备，如风速传感器、有害气体浓度传感器等。风速传感器可以实时监测通风管道内的风速和通风橱等设备的面风速，确保通风系统的通风量符合设计要求。有害气体浓度传感器可以检测实验室空气中的有害物浓度，当浓度超过安全限值时，能够及时发出警报。

通过监控系统，可以实现对通风系统的远程控制和自动化管理。例如，当实验室在非工作时间，通风系统可以根据预设的程序自动调整通风量，降低能耗。

2. 维护计划

制定定期的通风系统维护计划，包括清洁通风管道、检查风机和电机的运行状况、更换过滤器等。通风管道内可能会积聚灰尘、杂物等，定期清洁可以保证通风效果。风机和电机是通风系统的核心部件，要定期检查其轴承、皮带等部件的磨损情况，确保其正常运行。对于通风系统中的过滤器，如活性炭过滤器（用于吸附有害气体）、初效过滤器（用于过滤灰尘）等，要根据使用情况定期更换，一般初效过滤器每1—3月更换一次，活性炭过滤器每6—12月更换一次。

第三节　消防设施

一、灭火设施

（一）灭火器

1. 灭火器的配置

（1）类型选择

根据实验室可能发生的火灾类型来选择灭火器。高校实验室常见的火灾类型包括 A 类（固体物质火灾，如纸张、木材等）、B 类（液体火灾和可熔化的固体物质火灾，如有机溶剂、油脂等）、C 类（气体火灾，如氢气、甲烷等）以及电气火灾。

对于一般的实验室，应配置 ABC 干粉灭火器，它可以扑救 A、B、C 类火灾。在有贵重仪器设备或电气设备较多的实验室，还可以配置二氧化碳灭火器，它适用于扑救 B、C 类火灾和电气火灾，灭火后不会留下痕迹，不会对精密设备造成损坏。

（2）数量和位置

灭火器的配置数量要根据实验室的面积、危险等级等因素确定。一般来说，每个实验室至少应配置 2 具灭火器。灭火器应放置在明显、便于取用的位置，如实验室的出入口附近、走廊墙壁等。同时，要避免将灭火器放置在高温、潮湿或被遮挡的地方，确保在紧急情况下能够迅速拿到。

在一些火灾风险较高的区域，如存放易燃化学品的仓库、使用大量电气设备的实验台等，应适当增加灭火器的配置数量，并且要保证灭火器的覆盖范围，使任何一个可能发生火灾的点都能在短时间内被灭火器覆盖。

2. 灭火器的使用

（1）检查与熟悉

在使用灭火器之前，要先检查灭火器是否在有效期内，压力是否正常。可以通过查看灭火器上的压力表来判断，指针在绿色区域表示压力正常。同时，要熟悉灭火器的操作方法，不同类型的灭火器操作方式略有不同。

（2）操作步骤（以 ABC 干粉灭火器为例）

提：提起灭火器，迅速赶赴火灾现场。在提灭火器的过程中，要保持灭火器的平稳，防止其碰撞损坏。

拔：拔掉灭火器的保险销。保险销是防止灭火器误喷的装置，拔掉保险销后，灭火器才能正常使用。

握：握住灭火器的喷管，将喷嘴对准火焰根部。如果是较大的灭火器，可能需要双手操作，一只手握住喷管，另一只手握住压把。

压：用力压下灭火器的压把，使灭火剂喷出。在压下压把的同时，要左右扫射火焰根部，将灭火剂均匀地喷洒在燃烧物上。对于液体火灾，要注意避免灭火剂冲击液体表面，防止液体飞溅扩大火势。

（二）消火栓

1. 消火栓的配置

（1）位置要求

高校实验室建筑内应按照消防规范设置室内消火栓。消火栓应设置在明显、易于操作的位置，如走廊、楼梯间等公共区域。其位置应保证在任何一个房间发生火灾时，都能在较短的距离内（一般不应超过 30 米）被找到。

在实验室的布局设计中，要避免消火栓被实验设备、家具等遮挡。同时，消火栓周围应保持一定的空间，方便消防水带的展开和连接。

（2）配套设施

每个消火栓应配备消防水带、水枪和消防栓阀。消防水带的长度一般为 20—25 米，要保证其质量良好，没有破损、老化等情况。水枪应与消防水带匹配，能够紧密连接，并且其喷射性能要符合要求。消防栓阀应能够灵活开启和关闭，并且在开启时能够保证足够的水流量。

2. 消火栓的使用

（1）连接水带和水枪

发生火灾时，首先要迅速打开消火栓箱门，取出消防水带和水枪。将消防水带的一端与消火栓阀连接，连接时要确保连接牢固，防止漏水。然后将水枪与消防水带的另一端连接，同样要检查连接是否紧密。

（2）展开水带和开启阀门

双手握住水带，将其向火灾现场方向展开。在展开水带的过程中，要避免水带打结或扭曲，影响水的正常流动。展开水带后，一人握住水枪，对准火焰，另一人迅速开启消火栓阀，使消防水通过水带和水枪喷射到火焰上。在开启阀门时，要注意控制水流的大小和方向，根据火势的大小和燃烧物的性质进行调整。

（三）灭火设施的维护与管理

1. 定期检查

灭火器：每月检查一次灭火器的压力、外观、配件等情况。检查压力是否在正常范围内，外观是否有损坏、腐蚀等迹象，配件（如喷嘴、保险销等）是否齐全。同时，要记录每次检查的情况，包括检查日期、检查人员、灭火器状态等信息。

消火栓：每季度检查一次消火栓。检查消防水带是否完好无损，有无发霉、破损等情况；水枪是否能正常使用；消火栓阀是否灵活，有无漏水现象。同时，要对消火栓的标识进行检查，确保其清晰可见。

2. 维护与保养

灭火器：根据灭火器的类型和使用情况，定期进行维护保养。例如，干粉灭火器每隔1—2年要进行维修，重新充装灭火剂；二氧化碳灭火器每隔5年要进行水压试验。在维护保养过程中，要由专业人员进行操作，确保灭火器的性能符合要求。

消火栓：定期对消防水带进行清洗和晾晒，防止发霉。对于损坏的消防水带、水枪或消火栓阀，要及时更换或维修。同时，要确保消火栓系统的水压正常，可以通过连接消防水带，开启消火栓阀进行简单的测试。

3. 培训与演练

对实验室人员进行灭火器和消火栓使用的培训，使他们熟悉灭火设施的位置、操作方法和注意事项。培训可以采用理论讲解和实际操作相结合的方式，让每个人都有机会亲身体验灭火器和消火栓的使用。

定期组织消防演练，模拟火灾场景，让实验室人员在实践中提高火灾应对能力。演练内容包括火灾报警、疏散逃生、灭火设施的使用等环节，通过演练可以发现问题并及时进行整改，提高实验室的消防安全水平。

二、紧急救援设备

（一）急救箱

1. 基本配置

常用药品：如感冒药、退烧药、抗过敏药等，用于应对实验人员可能出现的身体不适症状。

消毒药水：如碘伏、酒精等，用于伤口消毒，防止感染。例如，实验人员被玻璃划伤后，可使用碘伏对伤口进行消毒处理。

止血药：如云南白药等，当出现较严重的外伤出血时，可用于止血。

烧伤膏：对于轻度烧伤、烫伤，如被加热设备烫伤或被化学试剂灼伤后，可以涂抹烧伤膏缓解疼痛并促进伤口愈合。

创可贴：用于小伤口的包扎，起到止血和保护伤口的作用。

医用绷带和纱布：用于包扎较大的伤口，固定受伤部位。例如，在发生骨折等情况时，可用其临时固定骨折部位，防止进一步的损伤。

医用剪刀：用于裁剪绷带、纱布等，方便包扎伤口。

镊子：用于夹取消毒棉球等物品，避免手部直接接触伤口，减少感染风险。

体温计：用于测量体温，及时发现实验人员是否发烧。

2. 放置位置与管理

急救箱应放置在实验室显眼且容易获取的位置，如靠近实验室出入口或者实验操作区域。每个实验室人员都应该知道急救箱的位置。同时，要定期检查急救箱内药品和器械的有效期和完整性，及时更换过期或损坏的物品。

（二）洗眼器和喷淋装置

1. 洗眼器

原理与功能：当化学物质溅入眼睛时，洗眼器能够提供大量的清洁水，快速冲洗眼睛，稀释和冲走化学物质，减少化学物质对眼睛的伤害。洗眼器一般通过手动或脚踏等方式启动，水流量通常能达到 1.5—3L/min，冲洗时间至少持续 15 分钟。

类型与安装位置：常见的洗眼器有壁挂式、台式和便携式等类型。壁挂式洗眼器安装在实验室墙壁上，节省空间且比较牢固；台式洗眼器放置在实验台上，方便使用；便携式洗眼器可以灵活移动，适用于没有固定洗眼设备的临时实验场所。洗眼器应靠近可能接触化学物质的实验区域，如化学实验台、危险化学品储存区等，保证实验人员在紧急情况下能够迅速到达。

2. 喷淋装置

原理与功能：喷淋装置主要用于化学物质溅到身体或者发生火灾时，对身体进行大面积的冲洗，降低化学物质的伤害或者灭火。喷淋装置的喷头通常能够覆盖较大的面积，喷出的水流量较大，一般在 75—180L/min。

安装位置与要求：喷淋装置一般安装在实验室的通道或者危险区域附近，其安装高度要考虑能够覆盖人体的大部分区域。同时，喷淋装置的启动装置应该明显且易于操作，如使用拉杆或者按钮式启动，并且在安装位置有明显的标识，让实验人员在紧急情况下能够快速找到并使用。

（三）自动体外除颤器（AED）

1. 功能与原理

AED 是一种能够自动识别异常心律并给予电击除颤的医疗设备，主要用于抢救突发心脏骤停的患者。当心脏骤停发生时，心脏的电活动紊乱，AED 通过电极片检测心律，一旦判断为可除颤心律，就会提示使用者进行电击，恢复患者心脏的正常节律。

2. 放置位置与使用培训

在人员密集的大型实验室或者实验楼内，应适当配置 AED。AED 应放置在显眼、易于获取的位置，如走廊、大厅等公共区域，并设置明显的标识。同时，要对实验室人员进行 AED 使用培训，包括如何开启设备、正确粘贴电极片、按照语音提示进行操作等，确保在紧急情况下能够正确使用。

（四）担架和急救推车

1. 担架

类型与用途：有普通担架和折叠担架等类型。普通担架用于搬运受伤或患病的人员，确保在移动过程中受伤人员的身体得到适当的支撑。折叠担架便于存放和携带，在空间有限的实验室或者需要在不同楼层间转运伤员时比较方便。

放置位置与操作要点：担架通常放置在实验室的储物间或者靠近紧急出口的地方。在使用担架时，要注意将受伤人员平稳地放置在担架上，固定好身体，防止在搬运过程中发生二次伤害。

2. 急救推车

功能与配置：急救推车一般配备有基本的急救设备和药品，如氧气瓶、心电监护仪、急救药品抽屉等。它主要用于实验室发生较严重的事故，需要对受伤人员进行现场急救和转运到医院的过程中，提供临时的医疗支持。

放置位置与使用规范：急救推车应放置在实验室的急救区域或者靠近电梯等便于运输的位置。在使用时，要确保急救设备和药品齐全且能正常使用，同时要由经过培训的人员操作，根据受伤人员的情况合理使用急救设备和药品。

第六章

实验室安全操作规范

第一节　通用实验安全操作

一、仪器设备的正确使用

（一）加热设备（如电炉、电热套）

1. 使用前准备

检查设备完整性：仔细检查加热设备的外观，查看炉丝（对于电炉）或加热套是否有破损、断裂等情况。同时，检查电源线是否完好，插头是否松动。确保设备放置在平稳、耐热的台面，远离易燃物和水源。

选择合适的容器：根据加热的物质和实验要求选择合适的加热容器。例如，对于液体加热，可使用玻璃烧杯、烧瓶等，但要注意容器的容量和材质是否能承受加热温度。如果是固体加热，要根据固体的性质选择蒸发皿、坩埚等容器。

2. 操作步骤

设置温度（如果有温度调节功能）：对于有温度调节功能的加热设备，按照实验所需的温度进行设置。在设置温度时，要考虑加热物质的沸点、分解温度等因素，避免温度过高导致物质飞溅、分解或容器破裂。

开启设备与加热过程：插上电源，开启加热设备。在加热过程中，要有人看守，尤其是在加热易挥发、易燃或易爆的物质时。对于液体加热，要使用搅拌棒适当搅拌，使液体受热均匀，防止局部过热导致液体暴沸。如果发现加热物质有异常变化（如产生大量气泡、变色、冒烟等），应立即停止加热。

加热结束后的操作：加热结束后，先关闭加热设备的电源，然后将加热容器放在耐热的支架或石棉网上，让其自然冷却。不要直接将热容器放在实验台上，以免损坏台面。

3. 使用后维护

清洁设备：待加热设备完全冷却后，用干净的湿布擦拭设备表面，去除灰尘和污渍。对于有加热套的设备，要检查加热套内是否有残留的物质，如有，应及时清理干净。

检查与存放：检查设备的电源线是否完好，将设备存放在干燥、通风的地方，避免受潮和损坏。如果设备长时间不使用，建议定期通电检查其是否能正常工作。

（二）酸度计（pH计）

1. 使用前准备

电极检查与处理：检查pH电极是否完好，玻璃球泡（对于玻璃电极）是否有破损。如果电极长时间未使用，需要将其浸泡在合适的浸泡液中进行活化。一般玻璃电极可浸泡在pH 4.00的缓冲溶液中，浸泡时间根据电极的具体情况而定，通常为几小时到一天不等。

仪器校准：开启酸度计，让其预热一段时间，一般预热15—30分钟。预热后，使用标准缓冲溶液对酸度计进行校准。通常选择两种不同pH值的标准缓冲溶液（如pH 4.00和pH 6.86），按照酸度计的校准程序，将电极分别插入两种缓冲溶液中，调节酸度计的校准旋钮，使仪器显示的pH值与缓冲溶液的实际pH值一致。

2. 操作步骤

样品测量：将校准好的电极用蒸馏水冲洗干净，用滤纸轻轻吸干电极表面的水分（注意不要擦拭玻璃球泡，以免损坏电极）。然后将电极插入待测样品溶液中，确保电极的玻璃球泡完全浸没在溶液中。等待酸度计显示的pH值稳定后，记录测量结果。

测量过程中的注意事项：在测量过程中，要避免电极接触到容器的底部或壁，以免损坏电极。如果样品溶液的温度与校准缓冲溶液的温度相差较大，需要对酸度计进行温度补偿，以获得准确的pH测量值。

3. 使用后维护

电极清洗与保存：测量完毕后，立即将电极从样品溶液中取出，用蒸馏水充分冲洗电极，然后将电极浸泡在合适的保存液中。保存液的选择根据电极的类型而定，一般玻璃电极可浸泡在pH 4.00的缓冲溶液或饱和氯化钾溶液中。

仪器清洁与存放：用干净的湿布擦拭酸度计的外壳，关闭仪器电源。将酸度计和电极存放在干燥、通风的地方，避免阳光直射和高温环境。

（三）磁力搅拌器

1. 使用前准备

检查设备与搅拌子：检查磁力搅拌器的盘面是否平整，电源是否正常。同时，选择合适大小和形状的搅拌子，搅拌子的材质要与被搅拌的物质不发生化学反应。将搅拌子放入待搅拌的容器中，容器一般选择平底的玻璃容器，如烧杯、烧瓶等。

2. 操作步骤

开启与设置搅拌速度：插上电源，开启磁力搅拌器。根据实验要求，通过调节旋钮设置搅拌速度。搅拌速度的选择要考虑被搅拌物质的粘度、密度等因素。一般来说，对于低粘度的溶液，搅拌速度可以适当快一些；对于高粘度的物质，搅拌速度不宜过快，以免搅拌子跳动或无法正常搅拌。

搅拌过程中的注意事项：在搅拌过程中，要观察搅拌子的转动情况，确保其在容器中心稳定转动。如果搅拌子偏离中心或者跳动，可能会影响搅拌效果，此时可以通过轻轻晃动容器或调整搅拌速度来纠正。同时，要注意防止液体溅出容器。

3. 使用后维护

清洁设备与搅拌子：搅拌结束后，先关闭磁力搅拌器电源。将搅拌子从容器中取出，用蒸馏水冲洗干净，晾干后保存。用湿布擦拭磁力搅拌器的盘面和外壳，去除污渍。

存放设备：将磁力搅拌器存放在干燥、通风的地方，避免受潮和灰尘积累。如果长时间不使用，建议在使用前先检查设备是否能正常工作。

二、实验废弃物处理

（一）废弃物分类

1. 化学废弃物

（1）无机废弃物

酸类废弃物：如盐酸、硫酸、硝酸等的废液，它们具有腐蚀性。在处理时，不能将酸性废液直接倒入下水道，因为可能会腐蚀管道并对环境造成危害。

碱类废弃物：像氢氧化钠、氢氧化钾等的废液，同样具有腐蚀性。有些碱液还可能含有重金属离子，如氢氧化钡。

重金属废弃物：含有汞、镉、铅、铬等重金属的溶液或固体。例如，废弃的含汞温度计打破后产生的汞珠，重金属废弃物即使少量进入环境也会产生长期的毒性。

（2）有机废弃物

有机溶剂废弃物：包括乙醇、丙酮、苯、甲苯等有机溶剂的废液。有机溶剂一般具有挥发性和可燃性，有些还具有毒性。如苯是一种致癌物质，随意排放会对人体健康和环境造成严重危害。

有机合成废弃物：在有机合成实验中产生的副产物、未反应的原料和反应后的混合液等。这些废弃物成分复杂，可能含有有毒有害的有机化合物。

2. 生物废弃物

微生物废弃物：使用过的微生物培养物，如细菌、真菌、病毒等的培养皿、试管、烧瓶等。如果这些微生物是致病性的，不当处理可能会导致疾病传播。例如，含有结核分枝杆菌的培养物必须经过严格的消毒处理。

生物组织和细胞废弃物：在生物实验中，如动物解剖、植物组织培养等产生的组织、器官、细胞等废弃物。这些废弃物可能含有生物活性物质，需要妥善处理，防止腐烂和滋生细菌。

3. 放射性废弃物（如果实验室涉及放射性物质）

固体放射性废弃物：如放射性同位素标记的实验材料、防护用品等。放射性物质会持续发射射线，对人体和环境有潜在的辐射危害。

液体放射性废弃物：含有放射性核素的溶液，其处理需要特殊的技术和设备，以确保放射性物质被安全地隔离和处置。

（二）废弃物处理方法

1. 化学废弃物

中和处理：对于酸性和碱性废液，可以进行中和处理。例如，将酸性废液缓慢倒入碱性废液中，并不断搅拌，使溶液的pH值接近中性。但要注意在处理过程中可能会产生热量和气体，需要在通风良好的环境下进行，并且要避免反应过于剧烈。

沉淀法处理重金属废弃物：在含有重金属离子的废液中加入沉淀剂，如硫化钠，使重金属离子形成难溶的硫化物沉淀。沉淀后的固体物质要进行妥善的收集和后续处理，如作为危险废物交给有资质的处理单位。

有机溶剂回收：对于一些可以回收利用的有机溶剂，如乙醇、丙酮等，可以采用蒸馏等方法进行回收。回收的有机溶剂可以在一定条件下再次用于实验，减少废弃物的产生。对于不能回收的有机溶剂，要集中收集，按照危险废物的要求进行处理。

2. 生物废弃物

高压灭菌处理微生物废弃物：对于含有微生物的培养物等废弃物，采用高压灭菌的方法进行处理。将废弃物放入高压灭菌锅中，在121℃、103.4kPa的条件下灭菌15—30分钟，以杀死微生物。灭菌后的废弃物可以按照普通垃圾进行处理，但如果是高致病性微生物的废弃物，可能还需要进一步的处理，如焚烧。

生物组织和细胞废弃物的处理：对于生物组织和细胞废弃物，可以采用焚烧、深埋或化学处理等方法。焚烧可以快速销毁生物活性物质，但要注意焚烧过程中可能产生有害气体，需要在合适的焚烧设施中进行。深埋需要选择合适的地点，确保废弃物不会对土壤和地下水造成污染。

3. 放射性废弃物

储存衰变（对于短半衰期放射性物质）：对于半衰期较短的放射性废弃物，可以将其放置在专门的储存设施中，让放射性物质自然衰变，直到放射性活度降低到安全水平。

专业机构处理：对于长半衰期的放射性废弃物或者放射性活度较高的废弃物，需要交给有资质的专业放射性废物处理机构进行处理。这些机构有专门的设备和技术，能够确保放射性废弃物的安全处置。

（三）废弃物处理的防护与管理措施

1. 安全防护

处理废弃物的人员要穿戴适当的个人防护装备，如手套、护目镜、防护服等。例如，在处理腐蚀性化学废弃物时，要戴耐酸碱手套和护目镜，防止化学物质溅到皮肤和眼睛。

在处理放射性废弃物时，要使用专门的辐射防护设备，如铅衣、辐射剂量监测仪等，严格控制辐射剂量。

2. 记录与标识

实验室要建立完善的废弃物处理记录制度，记录废弃物的种类、数量、处理日期、处理方法等信息。这样可以追溯废弃物的处理过程，确保处理符合规定。

对废弃物的收集容器要进行明确的标识，标明废弃物的类别、危险性质等信息。例如，在装有有机溶剂废弃物的容器上贴上"有机溶剂废弃物-易燃有毒"的标签。

3. 培训与监督

对实验室人员进行废弃物处理的培训，包括废弃物分类、处理方法、安全注意事项等内容。确保每个人员都了解正确的废弃物处理程序，提高安全意识。

设立监督机制，定期检查废弃物处理情况，发现问题及时整改。如检查废弃物分类是否正确、处理方法是否符合规定等。

第二节　化学实验安全操作

一、化学试剂的取用与配制

（一）化学试剂取用的安全操作

1. 固体试剂取用

了解试剂性质：在取用固体试剂前，必须清楚试剂的化学性质，尤其是具有腐蚀性（如氢氧化钠固体）、毒性（如氯化钡）或反应性（如金属钾）的试剂。对于腐蚀性固体试剂，要避免皮肤直接接触，使用镊子或药匙操作，并佩戴防护手套。

防止洒落和迸溅：取用粉末状固体时，将药匙缓慢地伸进容器底部取药，避免粉末飞扬。转移粉末到其他容器（如试管）时，采用正确的方法，如"一横二送三直立"，防止粉末洒落在实验台上造成污染或引起危险反应。对于块状固体，用镊子夹取时要夹紧，放入容器时注意让其沿容器壁缓慢滑落，防止块状固体掉落砸破容器底部。

2. 液体试剂取用

防止滴溅和吸入危害：从细口瓶中倾倒液体试剂时，瓶塞倒放在桌面上，标签朝向手心，瓶口紧挨接受容器，缓慢倾倒。这样可以防止液体腐蚀标签、滴落在桌面上或溅出伤人。对于易挥发、有毒的液体（如浓盐酸、苯等），要在通风橱内操作，并且避免液体挥发产生的气体被吸入人体。

使用合适的工具和正确操作：用滴管取用少量液体时，先赶出滴管中的空气后再吸取试剂，滴管不能平放或倒置，以免试剂流入胶头。滴加液体时，滴管应垂直悬空于容器上方，避免接触容器内壁，防止污染试剂。用量筒量取液体时，选择合适量程的量筒，读取液体体积时，视线要与量筒内液体凹液面的最低处保持水平，防止读数错误导致取用过多或过少的试剂。

（二）化学试剂配制的安全操作

1. 一定溶质质量分数溶液配制

计算准确试剂用量：配制前仔细计算所需试剂的质量和溶剂的体积，避免因计算错误导致试剂过量或不足。例如，在配制高浓度的腐蚀性溶液（如浓硫酸溶液）时，准确的计算可以防止因硫酸过量而引发危险。

称量和量取操作：称量固体试剂时，根据试剂性质选择合适的称量工具和容器。对于有腐蚀性的固体（如氢氧化钾），要用小烧杯等容器进行称量，不能直接放在天平托盘上。量取液体溶剂时，注意选择合适量程的量具，确保读数准确。

溶解过程：将固体试剂溶解于溶剂时，对于溶解过程放热剧烈的反应（如浓硫酸稀释），要将浓硫酸缓慢地沿容器壁倒入水中，并不断搅拌，绝对不能将水倒入浓硫酸中，否则会因剧烈放热导致硫酸飞溅伤人。

2. 一定物质的量浓度溶液配制

计算与称量：准确计算所需溶质的物质的量和质量，称量时注意保护天平不受腐蚀。对于易潮解或有腐蚀性的溶质（如氢氧化钠），称量速度要快，且要在小烧杯等合适的容器中进行。

溶解和转移：溶解溶质时，注意控制溶解的条件，如温度和搅拌速度。对于溶解过程中可能产生气体或热量的情况，要在通风良好且能承受温度变化的容器中进行。转移溶液至容量瓶时，要用玻璃棒引流，防止溶液洒落在容量瓶外,尤其是含有腐蚀性试剂的溶液。

洗涤和定容:洗涤烧杯和玻璃棒时,冲洗液要全部转移至容量瓶中,防止溶质损失。定容时,使用滴管滴加溶剂要缓慢,避免超过刻度线。若不小心超过刻度线,不能用滴管吸出多余液体,应重新配制,因为吸出液体的同时也会吸出溶质,导致溶液浓度不准确。

3. 特殊溶液配制(以缓冲溶液为例)

配制原理和注意事项:缓冲溶液配制需要根据缓冲对的性质和所需的pH值进行精确计算和操作。以醋酸-醋酸钠缓冲溶液为例,在计算所需醋酸和醋酸钠的量时,要考虑它们的解离常数和缓冲容量。配制过程中,由于醋酸是有机酸,有一定的挥发性和刺激性,要在通风良好的环境下操作。

安全操作步骤:分别称量醋酸和醋酸钠固体时,注意保护天平不受腐蚀。先溶解醋酸钠固体,再加入醋酸,搅拌均匀后,用pH计校准溶液pH值。在使用pH计时,要按照仪器的使用说明操作,避免损坏pH计,同时注意电极的清洁和保存,防止其受到污染影响测量准确性。

二、化学反应的安全控制

(一)反应前的安全准备

1. 熟悉反应原理与潜在危险

反应类型与特性:在进行任何化学反应之前,实验人员必须深入了解反应的类型,如氧化还原反应、酸碱中和反应、聚合反应等。例如,氧化还原反应可能涉及强氧化剂和还原剂,存在反应失控导致爆炸的风险;聚合反应可能会在失控的情况下产生大量热量,引发冲料等事故。

危险物质识别:仔细研究反应所涉及的化学物质,明确其物理和化学性质。比如,了解反应物和生成物是否有毒、易燃、易爆、有腐蚀性等。对于有毒物质,如氰化物,要清楚其毒性作用机制和中毒后的急救措施;对于易燃易爆物质，像氢气和氧气混合气体，要掌握其爆炸极限等关键信息。

2. 检查实验设备与环境

设备完整性与适用性：检查反应容器（如烧瓶、反应釜等）是否有裂缝、损坏或腐蚀迹象，确保其能够承受反应过程中的压力、温度和化学腐蚀。例如，在高温高压反应中，使用的不锈钢反应釜需要定期检查其耐压性能。同时，检查搅拌装置、加热或冷却设备、温度计、压力计等辅助设备是否正常工作。

环境安全评估：确保实验室的通风良好，对于可能产生有毒气体（如氯气、一氧化碳等）或挥发性有机物的反应，通风系统能够有效排出有害气体。此外，还要检查实验区域是否远离火源、电源插座是否安全、地面是否防滑等环境因素。

3. 个人防护装备准备

根据反应的危险程度，选择合适的个人防护装备，包括实验服、防护手套、护目镜、防毒面具等。例如，在处理强酸强碱时，要穿戴耐酸碱手套和护目镜；在涉及有毒气体的反应中，应佩戴防毒面具，并确保其滤毒罐能有效过滤目标有毒气体。

（二）反应过程中的安全控制措施

1. 反应条件的精确控制

温度控制：许多化学反应对温度非常敏感，使用合适的加热或冷却设备（如电热套、水浴、油浴、低温冷却浴等）来维持反应所需的温度。例如，在有机合成反应中，某些反应需要在精确的低温下进行，这时可以使用液氮-有机溶剂冷却浴来控制温度。同时，配备可靠的温度计，对反应温度进行实时监测，防止温度过高或过低导致反应失控或副反应增多。

压力控制：对于有气体参与或生成的反应，要注意控制反应体系的压力。使用压力计监测压力变化，确保反应在安全的压力范围内进行。如果反应在密闭容器中进行，当压力超过容器的耐压极限时，可能会发生爆炸。对于高压反应，要使用专门设计的高压反应釜，并严格按照操作规程控制压力，如通过减压阀、安全阀等装置来调节和保障安全。

搅拌控制：适当的搅拌可以使反应物充分混合，促进反应均匀进行。根据反应体系的性质（如粘度、密度等）选择合适的搅拌方式（如磁力搅拌、机械搅拌等）和搅拌速度。例如，在高粘度的聚合反应中，可能需要较高的搅拌速度和强力的机械搅拌器来确保反应物的均匀混合，但也要注意搅拌速度不能过高，以免产生过多的泡沫或导致液体飞溅。

2. 反应物的添加控制

添加顺序：严格按照实验方案规定的顺序添加反应物。有些反应，反应物的添加顺序颠倒可能会导致剧烈反应甚至爆炸。例如，将浓硫酸加入水中和将水加入浓硫酸中，两种添加顺序会产生截然不同的结果，前者是安全的稀释操作，后者会因浓硫酸遇水剧烈放热而导致液体飞溅。

添加速度：控制反应物的添加速度，避免反应过于剧烈。对于放热反应，如果反应物添加速度过快，产生的热量可能来不及散失，导致反应体系温度急剧上升，引发危险。通常可以通过滴液漏斗、注射泵等设备来精确控制反应物的添加速度。

3. 异常情况的监测与处理

监测反应现象：在反应过程中，密切观察反应现象，如颜色变化、气体产生、沉淀生成、发热发光等。这些现象可以帮助判断反应是否正常进行。例如，在氧化还原反应中，如果溶液颜色变化不符合预期，可能表示反应出现了异常，如反应物过量或发生了副反应。

应急处理措施：制定针对可能出现的异常情况的应急处理预案。如果发生温度失控，要立即停止加热或采取冷却措施，如将反应容器移入水浴或用湿布包裹；如果出现气体泄漏，要迅速疏散人员，开启通风系统，并根据气体性质采取相应的防护和处理措施，如对于可燃性气体，要避免火源并使用灭火器或灭火毯等设备。

（三）反应后的安全处理

1. 产物的安全处理

产物的性质评估：在反应结束后，首先评估产物的性质，包括是否有毒、易燃、易爆、有腐蚀性等。如果产物具有危险性，要采取相应的安全处理措施。例如，对于有毒产物，要在通风橱内进行后续操作，如分离、提纯等；对于易燃易爆产物，要避免其与火源或氧化剂接触。

产物的分离与提纯：在产物的分离和提纯过程中，遵循安全操作规程。例如，在过滤操作中，注意防止固体产物飞溅；在蒸馏操作中，控制好温度和压力，避免产物分解或发生危险的化学反应。

2. 反应废弃物的处理

分类收集：按照化学废弃物的分类标准，将反应后的废弃物进行分类收集。如将酸性废液、碱性废液、有机溶剂废液、固体废弃物（如未反应的固体反应物、反应生成的沉淀等）分别收集在不同的容器中。

安全处理方法：采用合适的安全处理方法处理废弃物。对于酸碱废液，可以通过中和处理后再排放；对于有机溶剂废液，可以通过蒸馏回收或交给有资质的处理单位；对于有毒有害的固体废弃物，如含重金属的固体，要妥善保存，等待专业处理。

3. 实验设备的清理与维护

设备清理：反应结束后，及时清理实验设备。对于反应容器，用合适的溶剂清洗，去除残留的反应物和产物。例如，对于有机反应后的容器，可以先用有机溶剂（如丙酮）清洗，再用清水冲洗；对于被酸碱污染的设备，可以用稀酸或稀碱溶液浸泡后再冲洗。

设备维护：检查实验设备在反应过程中是否受到损坏，如搅拌桨是否变形、温度计和压力计是否准确等。对于损坏的设备，要及时维修或更换，确保下次使用的安全性。

第三节　生物实验安全操作

一、无菌操作技术

（一）无菌操作环境的建立与维护

1. 无菌室和超净工作台的使用

（1）无菌室

清洁与消毒：在使用无菌室之前，需要对其进行彻底的清洁。先清扫地面和墙壁，清除灰尘和杂物，然后用合适的消毒剂（如70%—75%乙醇溶液、含氯消毒剂等）擦拭工作台面、实验设备和墙壁等表面。消毒后，要开启无菌室的通风系统，让消毒剂的气味散尽。

空气过滤与净化：无菌室通常配备高效空气过滤器（HEPA），能够过滤掉空气中的微生物和尘埃颗粒。在使用前，要检查过滤器的状态，确保其正常工作。一般来说，HEPA的滤网需要定期更换，以保证过滤效果。例如，根据使用频率和环境条件，每6—12个月更换一次。

（2）超净工作台

工作原理与操作前准备：超净工作台通过风机将空气经过HEPA过滤后，以垂直或水平的气流形式吹向工作区域，形成无菌的工作环境。在使用前，要开启超净工作台的风机，让其运行10—15分钟，对工作区域进行空气净化。同时，要用70%—75%乙醇溶液擦拭工作台面和内部的设备，如镊子、剪刀等工具。

正确放置与操作物品：在超净工作台内进行操作时，要将实验物品放置在合适的位置，避免阻挡气流。一般将需要无菌操作的物品（如培养皿、移液管等）放在靠近风机出风口的位置，这样可以最大程度地利用无菌气流。操作时，实验人员的手臂应该缓慢移动，避免产生剧烈的气流扰动，影响无菌环境。

2. 环境监测与维护

微生物监测：定期对无菌操作环境进行微生物监测。可以采用沉降菌法或浮游菌法。沉降菌法是将含有营养琼脂的培养皿放置在无菌操作环境中，暴露一定时间（如30分钟）后，将培养皿放在合适的温度下培养（如细菌在37℃培养24—48小时），然后计数培养皿上生长的菌落数，以此来评估环境中的微生物污染程度。浮游菌法则是通过空气采样器采集空气中的微生物，然后进行培养和计数。

维护与故障处理：如果监测发现微生物污染超过标准，需要对无菌环境进行再次清洁和消毒。对于超净工作台，可能需要检查风机的风量、过滤器是否有泄漏等问题。如果过滤器损坏，要及时更换，以恢复无菌环境。

（二）灭菌方法与无菌操作工具的使用

1. 灭菌方法

干热灭菌：适用于玻璃器皿（如培养皿、试管、移液管等）和金属工具（如镊子、剪刀等）。将需要灭菌的物品放入干热灭菌箱中，在160—170℃下保持2—3小时。在灭菌过程中，要注意物品不能摆放得过于拥挤，以免影响热空气的流通，导致灭菌不彻底。例如，移液管在干热灭菌时，应该垂直放置，管尖朝上，并且管与管之间要有一定的间隙。

湿热灭菌（高压蒸汽灭菌）：这是一种常用的灭菌方法，适用于大多数实验用品，如培养基、缓冲溶液、橡胶制品等。将物品放入高压蒸汽灭菌锅中，在121℃、103.4kPa的压力下保持15—30分钟。对于含有糖类等成分的培养基，灭菌时间不宜过长，以免糖类分解。在灭菌过程中，要确保灭菌锅内有足够的水，并且要排尽锅内的冷空气，因为冷空气的存在会影响灭菌效果。

化学消毒与灭菌：对于一些不耐高温的物品，如某些塑料制品或精密仪器，可以采用化学消毒或灭菌方法。例如，使用70%—75%乙醇溶液擦拭物品表面，可以杀死大部分细菌和真菌。但化学消毒方法的灭菌效果相对较弱，而且有些化学消毒剂可能会对物品有腐蚀性。

2. 无菌操作工具的使用

（1）移液管

吸取液体操作：在无菌条件下，将灭菌后的移液管插入待吸取的液体中。使用洗耳球吸取液体，注意不要让液体进入洗耳球。吸取液体时，要将移液管垂直插入液体底部，然后缓慢放松洗耳球，使液体上升到所需刻度。在转移液体时，将移液管的尖嘴对准接受容器的内壁，缓慢放出液体，避免液体飞溅。

防止污染措施：使用移液管时，要避免其尖嘴接触非无菌的表面。如果移液管在使用过程中被污染，应该立即更换。在吸取不同的液体时，也要更换移液管，防止交叉污染。

（2）镊子和剪刀

灭菌后的取用与操作：经过灭菌后的镊子和剪刀在使用前，应该在无菌环境中（如超净工作台）自然冷却。在操作过程中，镊子和剪刀应该只接触无菌物品，如在接种微生物时，用镊子夹取接种环或者用剪刀剪取组织样本，操作要准确、迅速，避免接触非无菌区域。

清洁与再次灭菌：使用完毕后，用70%—75%乙醇溶液擦拭镊子和剪刀，去除表面的污垢和微生物，然后进行再次灭菌，以备下次使用。

（三）无菌操作过程中的注意事项

1. 人员操作规范

洗手与着装：实验人员在进入无菌操作区域之前，要彻底洗手，使用肥皂和流动水清洗双手至少30秒，然后用干净的纸巾擦干。进入无菌室或在超净工作台前操作时，要穿戴无菌的实验服、帽子和口罩。实验服应该是长袖、紧口的，帽子要完全覆盖头发，口罩要遮住口鼻，防止人体的皮屑、毛发和呼出的气体中的微生物污染无菌环境。

动作轻柔与避免交谈：在无菌操作过程中，人员的动作要轻柔、缓慢。避免快速移动手臂或身体，以免产生气流扰动，将周围环境中的微生物带入无菌操作区域。同时，要避免在无菌操作区域内交谈，因为说话时会喷出飞沫，其中可能含有微生物。

2. 防止交叉污染

物品的区分与隔离：在无菌操作过程中，要将无菌物品和非无菌物品严格区分开来。例如，将灭菌后的培养基、培养皿等放在无菌区域的一侧，将未灭菌的试剂瓶、废弃物等放在另一侧。在使用不同的微生物菌株进行实验时，也要将它们的培养物、接种工具等分开使用，防止交叉污染。

不同实验阶段的隔离：如果一个实验包含多个步骤，如微生物的培养、接种和检测，每个阶段的实验物品和操作区域要尽量隔离。例如，在完成微生物接种后，将接种后的培养皿放在培养箱中培养，培养箱要保持清洁，并且与接种区域分开，避免在后续的培养过程中受到污染。

二、生物样本处理安全

（一）样本采集安全

1. 人员防护

穿戴适当的防护装备：在采集生物样本时，实验人员必须穿戴合适的个人防护装备。包括无菌手套、实验服、口罩和护目镜。例如，在采集血液样本时，手套可以防止血液传播病原体与皮肤接触；护目镜能避免样本飞溅入眼，尤其是在使用注射器等可能产生飞溅的工具时。

培训与资质认证：进行样本采集的人员应经过专业培训，熟悉采集流程和安全注意事项。对于一些特殊样本，如含有高致病性微生物的样本，采集人员需要具备相应的资质证书，以确保操作的安全性和规范性。

2. 样本采集工具安全

工具的选择与质量检查：根据样本类型选择合适的采集工具。例如，采集植物组织样本可能需要使用无菌的剪刀和镊子；采集血液样本则需要使用一次性无菌注射器或真空采血管。在使用前，要检查工具的完整性和无菌性。对于一次性工具，如发现包装破损或过期，应立即更换。

防止锐器伤：在使用针头等锐器时，要特别小心。使用后，应立即将锐器放入专门的锐器盒中，避免刺伤自己或他人。锐器盒应放置在方便使用的位置，并且在装满一定量（通常为三分之二满）后及时更换。

3. 样本来源安全

了解样本背景信息：在采集样本前，要尽可能了解样本的来源。如果样本来自感染性疾病患者或动物，需要采取额外的防护措施。例如，对于已知感染传染病（如禽流感、结核病等）的动物样本，采集过程要在相应的生物安全级别实验室中进行，并且严格遵循该级别实验室的操作规程。

避免样本污染：在采集现场，要确保样本不被周围环境中的其他物质污染。例如，在采集土壤微生物样本时，要避免样本混入其他杂质，如灰尘、杂草等。可以使用无菌的采样工具和容器，并且在采集过程中尽量减少样本暴露在空气中的时间。

（二）样本运输安全

1. 包装要求

初级包装：生物样本应首先进行初级包装，将样本放入合适的容器中。例如，液体样本可放入密封的离心管或小瓶中，固体样本放入无菌的塑料袋或容器中。容器要确保无泄漏，能够承受运输过程中的压力和温度变化。

次级包装：初级包装好的样本应放入次级包装中，次级包装通常是具有防水、防撞击功能的盒子。在盒子内要放置足够的吸收材料，如吸水纸、泡沫等，以吸收可能泄漏的样本。

外层包装：次级包装外面再加上外层包装，外层包装要标明生物危害标志、样本信息（如名称、来源、数量等）和运输注意事项。例如，对于含有高致病性微生物的样本，外层包装上要特别注明"高致病性生物样本，小心处理"等字样。

2. 温度控制

冷藏或冷冻样本：对于一些对温度敏感的生物样本，如细胞样本、某些酶类等，需要在运输过程中保持特定的温度。可以使用冷藏箱或冷冻箱，并配备合适的温度保持装置，如冰袋、干冰等。在使用冰袋时，要注意防止冰袋破裂导致样本被水浸泡；使用干冰时，要注意通风，避免二氧化碳积聚导致窒息。

实时温度监测：为了确保运输过程中的温度符合要求，可以使用温度监测设备，如温度记录仪。这些设备可以记录运输过程中的温度变化，以便在到达目的地后检查样本是否在合适的温度条件下运输。

3. 运输资质与合规性

运输资质要求：运输含有特定病原体（如高致病性微生物）的生物样本，需要具备相应的运输资质。运输单位和人员要经过专门的培训和审批，并且要遵守国家和地方的相关法规和规定。例如，在我国，运输高致病性病原微生物菌（毒）种或者样本必须经过省级以上人民政府卫生主管部门或者兽医主管部门批准。

运输文件准备：在运输生物样本时，要准备好相关的文件，如运输许可证、样本清单、生物危害评估报告等。这些文件要随样本一起运输，以便在检查时提供必要的信息。

（三）样本储存安全

1. 储存设施安全

冰箱和冰柜安全：生物样本通常存放在冰箱或冰柜中。要定期检查冰箱和冰柜的温度和运行状况，确保温度控制在合适的范围内。对于超低温冰柜（如 -80°C 冰柜），要注意其制冷剂是否泄漏，因为制冷剂泄漏可能会对样本和人员造成危害。同时，要安装温度报警装置，当温度超出设定范围时能够及时发出警报。

液氮罐安全：对于需要在液氮中保存的样本（如细胞株、胚胎等），要注意液氮罐的安全性。液氮罐要放置在通风良好的地方，因为液氮在汽化时会产生大量的氮气，可能导致窒息。定期检查液氮罐的液位和阀门，确保液氮的供应和储存安全。在添加液氮时，要使用合适的防护装备，如防冻手套和护目镜。

2. 样本标识与管理

清晰准确的标识：每个生物样本都要有清晰、准确的标识。标识内容应包括样本名称、来源、采集日期、保存条件等信息。可以使用标签或条形码等方式进行标识，并且要确保标识不易褪色或脱落。

库存管理系统：建立完善的样本库存管理系统，记录样本的出入库情况、储存位置、保存状态等信息。通过库存管理系统，可以便捷地查找和管理样本，同时也有助于确保样本的安全和完整性。例如，在系统中可以设置样本的有效期提醒，当样本接近有效期时，能够及时进行处理。

3. 防止交叉污染和变质

样本分类储存：根据样本的类型、来源和保存要求，对样本进行分类储存。

例如，将人类样本和动物样本分开存放，将含有病原体的样本和非病原体样本分开存放，避免交叉污染。同时，对于一些容易变质的样本，如组织切片，要采取特殊的保存措施，如添加保护剂、在特定的温度和湿度下保存。

定期检查样本质量：定期对储存的生物样本进行质量检查。可以通过外观观察、检测相关指标（如细胞活性、酶活性等）等方式来评估样本质量。如果发现样本有变质迹象，如颜色改变、出现异味、细胞死亡等，要及时进行处理，如废弃或采取修复措施。

第四节　物理实验安全操作

一、激光安全

（一）激光的危害

1. 激光对眼睛的伤害

不同类型激光的危害差异：激光对眼睛的伤害程度因激光的波长、功率、脉冲特性等因素而异。例如，紫外线（UV）激光主要损伤眼睛的角膜和结膜，会引起角膜炎、结膜炎等疾病；可见光和近红外光激光能够穿透眼睛的屈光介质，聚焦在视网膜上，可能导致视网膜灼伤、出血，甚至永久性视力损伤；而远红外激光主要被眼的前部组织吸收，可造成角膜和晶状体的损伤。

伤害机制：激光的高能量密度是导致眼睛损伤的主要原因。当激光束聚焦在视网膜上时，光能瞬间转化为热能，使视网膜组织温度急剧升高，进而破坏视网膜细胞。这种损伤可能是局部的，也可能是大面积的，取决于激光的光斑大小、照射时间等因素。即使是短暂的激光照射，如果能量足够高，也可能造成严重的眼部伤害。

2. 激光对皮肤的伤害

烧伤与组织损伤：高功率激光照射在皮肤上，会引起皮肤烧伤。激光能量被皮肤组织吸收后，产生热量，导致皮肤组织的温度升高，进而出现红肿、水疱、炭化等不同程度的烧伤症状。而且，激光还可能对皮肤中的胶原蛋白等成分造成损伤，影响皮肤的正常结构和功能。

长期潜在风险：反复或长期低剂量的激光照射皮肤也可能存在潜在风险，如导致皮肤老化、色素沉着异常，甚至增加皮肤癌的发生概率。这是因为激光可能会引起皮肤细胞的基因突变或破坏皮肤的免疫防御机制。

（二）实验室激光设备的安全防护措施

1. 设备本身的安全设计

光束封闭与遮挡：现代激光设备通常会有光束封闭装置，将激光束限制在设备内部特定的光路中，防止激光意外泄漏。例如，在激光加工设备中，通过使用金属外壳和光学管道来封闭激光光路。同时，设备上还会设置光束遮挡装置，如光闸或遮光罩，在不需要激光输出时可以有效遮挡激光束。

联锁装置与安全标识：许多激光设备配备了联锁装置。当设备的防护门、盖子等被打开时，联锁装置会自动切断激光电源，停止激光输出。此外，激光设备上还应清晰地标注有激光危险标识，包括激光的波长、功率、类别等信息，以及警示语，提醒使用者注意激光安全。

2. 防护装备的配备与使用

激光防护眼镜：这是最常用的激光防护装备。根据激光的波长选择合适的防护眼镜，因为不同的防护眼镜对不同波长的激光有不同的衰减能力。例如，对于波长为 532nm 的绿光激光，应选用能有效吸收该波长激光的防护眼镜。防护眼镜的光学密度要足够高，以确保能够将激光能量衰减到安全水平以下。在使用激光设备时，必须始终佩戴防护眼镜，并且要检查眼镜是否有损坏，如镜片划痕、镜框变形等，因为这些情况可能会影响防护效果。

皮肤防护用品：对于可能接触到激光的皮肤部位，要穿戴适当的防护用品。如防护手套、长袖工作服等。防护手套应选择能够耐受激光能量和防止激光穿透的材料，对于高功率激光，可能需要使用特制的金属手套或多层防护手套。工作服要选择紧密编织、不易燃烧的面料，以减少激光对皮肤的伤害。

（三）激光实验操作的安全规范

1. 实验前的准备

培训与资质认证：只有经过专业激光安全培训并获得相应资质的人员才能进行激光实验操作。培训内容包括激光原理、危害认知、安全防护设备的使用、紧急情况处理等。在培训后，通过考核来确保操作人员对激光安全知识和技能的掌握程度。

环境评估与准备：在进行激光实验前，要对实验室环境进行评估。确保实验区域周围没有反射性强的表面，如镜子、金属光泽的物体等，因为这些表面可能会反射激光束，增加意外照射的风险。同时，要清理实验区域内的无关人员和物品，保证实验环境的整洁和安全。

2. 实验过程中的注意事项

光路调整与对准：在调整激光光路时，要采用低功率模式进行操作。例如，使用连续波激光时，可以先将功率降低到最低水平，然后通过微调光学元件来对准光路。在这个过程中，要避免直视激光束，即使是低功率激光也可能对眼睛造成伤害。可以使用光探测器或荧光卡等工具来辅助观察光路。

人员位置与活动控制：在激光实验过程中，实验人员要站在激光光路的安全区域之外。所谓安全区域，是指激光束意外偏离正常光路后也不会照射到的区域。同时，要避免在激光设备工作时在实验区域内随意走动，防止意外暴露于激光束中。如果需要在实验过程中接近激光设备，要先暂停激光输出，确保安全后再进行操作。

3. 实验后的安全处理

激光设备的关闭与检查：实验结束后，首先要关闭激光设备的电源，使激光停止输出。然后检查设备是否有异常情况，如光学元件是否损坏、光路是否正常等。如果发现设备有问题，要及时进行维修或标记，防止下次使用时出现安全隐患。

防护装备的收纳与检查：将使用过的防护装备，如防护眼镜、手套等进行收纳。在收纳前，要检查防护装备是否有损坏，如防护眼镜的镜片是否有划痕、手套是否有破损等。如果发现防护装备损坏，要及时更换，确保下次使用时的防护效果。

二、辐射安全

（一）辐射源的识别与分类

1. 常见辐射源

（1）电磁辐射源

射频辐射设备：如高频加热设备（包括高频感应加热炉、高频介质加热设备等）和微波设备（如微波炉、微波实验装置）。这些设备在工作过程中会产生射频电磁辐射，频率范围为300kHz—300GHz。例如，在高频感应加热炉中，交变磁场在被加热物体中产生感应电流，进而产生热量，同时也会向外辐射电磁场。

激光设备：物理实验室中的激光设备是典型的电磁辐射源。激光的本质是受激辐射产生的相干光，其波长范围较广，从紫外线到红外线都有。不同波长和功率的激光具有不同的危害程度。例如，高功率的可见激光可能会对眼睛的视网膜造成严重损伤。

（2）电离辐射源

放射性同位素源：一些物理实验可能会使用放射性同位素，如钴-60用于伽马射线实验、锶-90用于贝塔射线实验。这些放射性同位素在衰变过程中会发射出电离辐射，包括阿尔法粒子、贝塔粒子和伽马射线。

X射线设备：如X射线衍射仪、X射线荧光光谱仪等。这些设备通过高速电子轰击金属靶产生X射线，用于物质结构分析等实验。X射线具有较高的能量，能够使物质发生电离，对人体细胞和组织产生损伤。

2. 辐射源分类与危害程度

非电离辐射和电离辐射：非电离辐射（如射频辐射、激光等）能量较低，一般不会使原子或分子发生电离，但在高剂量下也可能对人体产生热效应、光化学效应等危害。电离辐射（如X射线、伽马射线等）能量较高，能够使原子或分子发生电离，直接破坏细胞内的分子结构，如DNA损伤，具有较高的生物危害性。

根据辐射剂量和危害程度分类，可以将辐射源分为不同的类别。例如，对于放射性同位素，根据其活度大小和潜在危害程度分为豁免类、低活度类和高活度类。高活度的放射性同位素需要更严格的防护措施和安全管理。

（二）辐射防护措施

1. 屏蔽防护

（1）电磁辐射屏蔽

材料选择：对于射频电磁辐射，可使用金属材料（如铜、铝等）进行屏蔽。这些金属能够反射和吸收电磁辐射，减少辐射泄漏。例如，微波设备的外壳通常采用金属材料制作，以防止微波泄漏。对于激光设备，可使用特殊的光学材料（如吸收特定波长激光的玻璃）来屏蔽激光束。

屏蔽设计与安装：屏蔽装置要根据辐射源的特性进行合理设计。例如，对于 X 射线设备，其屏蔽室的墙壁厚度和材料要根据 X 射线的能量、工作负荷等因素计算确定。屏蔽装置要保证无泄漏，各个部件之间的连接要紧密，防止辐射从缝隙中泄漏。

（2）电离辐射屏蔽

材料与厚度计算：不同类型的电离辐射需要不同的屏蔽材料。对于阿尔法粒子，一张纸或几厘米厚的空气就可以有效阻挡；对于贝塔粒子，需要使用铝、有机玻璃等材料，其厚度根据贝塔粒子的能量而定；对于伽马射线和 X 射线，常用铅、混凝土等材料进行屏蔽。屏蔽厚度要根据辐射源的强度、射线能量、安全剂量限值等因素进行计算。

防护设施建设：使用电离辐射源的实验室，要建设专门的防护设施，如铅房、铅屏蔽柜等。铅房的墙壁、屋顶和地板都要达到一定的铅当量，以确保能够将辐射剂量降低到安全水平以下。同时，防护设施要设置观察窗、操作孔等，方便实验人员进行操作，观察窗要采用铅玻璃等防护材料。

2. 距离防护

辐射强度与距离的关系：无论是电磁辐射还是电离辐射，其强度都与距离的平方成反比。因此，在保证实验正常进行的前提下，尽量增大与辐射源之间的距离是一种有效的防护措施。例如，在操作 X 射线设备时，操作人员应站在安全距离之外，通过远程控制装置进行操作。

安全距离的确定：安全距离的确定要根据辐射源的类型、功率（或活度）等因素。对于已知辐射源，可以通过辐射剂量率的测量和安全剂量限值来计算安全距离。例如，对于一个放射性同位素源，已知其辐射剂量率随距离的衰减规律，结合人员可接受的年有效剂量限值，就可以计算出人员应保持的最小安全距离。

3. 时间防护

限制暴露时间的重要性：减少在辐射环境中的暴露时间可以有效降低辐射剂量。因为辐射对人体的危害是累积性的，即使是低剂量的辐射，长时间暴露也可能导致不良后果。例如，在进行放射性实验时，要合理安排实验步骤，尽量缩短实验人员在辐射源附近的操作时间。

暴露时间的计算与控制：根据辐射源的强度和安全剂量限值，可以计算出一定辐射环境下允许的最长暴露时间。在实验过程中，可以通过定时器、操作流程控制等方式来严格限制暴露时间。例如，在使用高功率激光设备时，规定每次连续操作不超过一定时间，并且两次操作之间要有足够的休息时间，让眼睛等器官得到恢复。

（三）辐射监测与管理

1. 辐射监测设备

个人剂量监测设备：实验人员在可能接触辐射的情况下，要佩戴个人剂量计，如热释光剂量计、电子个人剂量计等。这些剂量计能够实时记录个人所接受的辐射剂量，并且可以定期读取数据，监测个人辐射剂量是否超过安全限值。例如，热释光剂量计在受到辐射后，其内部的晶体结构会发生变化，通过加热可以释放出与辐射剂量相关的光信号,从而测量出辐射剂量。

环境辐射监测设备:在实验室及周边区域,要安装环境辐射监测设备,如辐射剂量率仪、能谱仪等。这些设备可以监测实验室环境中的辐射水平,包括电磁辐射强度和电离辐射剂量率。例如,对于使用放射性同位素的实验室,环境辐射监测设备可以实时监测放射性物质是否泄漏,以及泄漏后的辐射扩散情况。

2. 辐射安全管理制度

许可与备案制度:对于使用放射性同位素和射线装置的实验室,要按照国家规定办理辐射安全许可证,并向相关部门备案。许可证的办理要经过严格的审查,包括实验室的辐射防护设施、人员资质、安全管理制度等方面。只有取得许可证后,才能合法地开展相关实验。

人员培训与考核:对所有可能接触辐射的实验室人员进行辐射安全培训,培训内容包括辐射基础知识、防护措施、监测方法、应急处理等。培训后要进行考核,确保人员掌握辐射安全知识和技能。只有考核合格的人员才能从事与辐射相关的实验操作。

应急预案与演练:制定辐射事故应急预案,包括事故的报告程序、应急处理措施、救援组织与职责等内容。定期组织辐射事故应急演练,检验和提高实验室人员应对辐射事故的能力。例如,在演练中模拟放射性物质泄漏的情况,让实验人员熟悉如何疏散人员、如何进行现场封锁和辐射监测等应急操作。

第七章

实验室安全应急预案

第一节 应急预案的制定原则与流程

一、制定原则

（一）科学性原则

基于风险评估：在制定应急预案之前，必须对实验室可能面临的各种安全风险进行全面、深入的评估。这包括对实验室所使用的化学试剂（如易燃易爆、有毒有害化学品）、生物样本（如含有病原体的样本）、仪器设备（如高温高压设备、激光设备、辐射设备）等进行详细分析，确定可能发生的事故类型（如火灾、爆炸、泄漏、感染、辐射事故等）及其发生的可能性和潜在危害程度。例如，通过对化学试剂的储存量、性质、使用频率以及实验室的通风、防火等设施条件进行评估，来预测化学试剂泄漏或火灾爆炸事故的风险。

遵循安全规范与标准：应急预案的制定要严格遵循国家和地方相关的实验室安全法规、标准和指南。例如，在涉及危险化学品管理方面，要符合《危险化学品安全管理条例》的要求；对于生物安全实验室，要遵循《实验室 生物安全通用要求》等相关标准。确保应急预案中的各项措施和流程在法律和技术层面上都是合理、有效的。

（二）实用性原则

结合实验室实际情况：应急预案要紧密结合本实验室的具体布局、人员结构、设备设施等实际情况。例如，根据实验室的空间大小和通道设置，规划合理的人员疏散路线；针对实验室的人员专业背景和技能水平，制定易于理解和执行的应急操作步骤。不能照搬其他实验室的应急预案，而要使其具有本实验室的特色和针对性。

易于操作与执行：应急措施和流程要简洁明了，避免过于复杂的程序和术语。使用通俗易懂的语言描述在事故发生时各个岗位人员应该做什么、怎么做。例如，在火灾应急预案中，明确规定每个实验区域的人员如何使用灭火器、如何报警、如何疏散等具体操作，确保在紧急情况下，即使是非专业人员也能够迅速、准确地执行。

（三）全面性原则

涵盖各类事故类型：预案要涵盖实验室可能发生的各种安全事故类型，包括但不限于化学事故、生物事故、物理事故（如电气事故、机械事故、辐射事故）以及自然灾害（如地震、洪水对实验室的影响）等。例如，除了常见的化学试剂泄漏和火灾事故预案外，还要有针对生物样本污染导致的感染事故预案，以及在地震发生时如何保护实验室人员和设备安全的预案。

涉及应急全过程：对应急的各个环节进行全面规划，包括事故的预防、预警、应急响应、救援处置、恢复重建等全过程。例如，在预防环节，制定安全检查制度、人员培训制度等；在预警环节，确定预警信号、预警发布方式和接收对象；在应急响应环节，明确不同级别事故的响应程序和责任分工；在救援处置环节，规划救援力量的调配、医疗救护的安排、事故现场的清理等；在恢复重建环节，考虑实验室设备的修复、环境的净化、事故调查与总结等工作。

（四）动态性原则

定期修订与更新：随着实验室的发展变化，如实验项目的增加、设备的更新、人员的变动等，以及相关安全法规、标准的修订，应急预案需要定期进行修订和更新。例如，当实验室新引进了一种高危险化学品或新购置了一台大型辐射设备时，就要及时对应急预案进行相应的调整和完善，确保预案始终与实验室的实际情况和安全要求相适应。

演练与反馈改进：通过定期组织应急演练，检验应急预案的可行性和有效性。根据演练过程中发现的问题，如应急响应不及时、人员操作不熟练、物资储备不足等，及时对应急预案进行修改和优化。同时，鼓励实验室人员在日常工作中提出对应急预案的意见和建议，形成一个不断完善应急预案的良性循环机制。

二、制定流程

（一）成立应急预案编制小组

成员构成：由实验室负责人担任组长，成员包括实验室安全管理人员、各专业技术骨干、设备维护人员以及熟悉应急管理的相关人员等。例如，在化学实验室中，要有化学专业教师或实验师作为技术骨干，参与化学事故应急预案的制定；在生物实验室中，生物安全专家和医学专业人员要参与生物事故应急预案的制定。

职责分工：组长负责统筹协调应急预案的编制工作，确定编制工作的目标、进度和要求；安全管理人员负责收集整理相关安全法规、标准和案例资料，为预案编制提供依据；专业技术骨干负责分析本专业领域可能出现的安全事故风险，并提出相应的应急技术措施；设备维护人员负责提供设备的相关技术参数和故障处理方案，以便在预案中制定设备事故的应急处置措施；应急管理相关人员负责对应急预案的格式、结构和内容进行规范和指导，确保预案符合应急管理的要求。

（二）风险评估与应急资源调查

风险评估：对实验室的安全风险进行全面评估，如前所述，包括对各类实

第七章 实验室安全应急预案

验材料、仪器设备、实验操作以及实验室环境等方面的风险分析。采用定性与定量相结合的方法,确定事故发生的可能性、危害程度和影响范围。例如,通过对化学试剂的危险特性评估和实验室通风系统、防火设施等的分析,评估化学事故的风险等级;通过对生物样本的致病性和实验室生物安全防护水平的评估,确定生物事故的风险程度。

应急资源调查:对应急资源进行详细调查,包括人力、物力和财力资源。人力方面,了解实验室人员的专业技能、应急培训情况以及可调配的外部救援力量(如学校保卫部门、周边消防单位等);物力方面,统计实验室现有的应急设备(如灭火器、洗眼器、急救箱、防护装备等)、消防设施、通信设备以及其他可用于应急救援的物资(如沙袋、堵漏工具等)的数量、位置和性能状况;财力方面,评估实验室可用于应急救援的资金额度以及获取外部资金支持的途径。

(三)应急预案的起草

框架结构确定:根据相关法规和标准,确定应急预案的框架结构,一般包括总则、组织机构与职责、预防与预警、应急响应、后期处置、保障措施、附则等部分。总则部分主要阐述预案的制定目的、依据、适用范围和工作原则;组织机构与职责部分明确应急指挥机构、各应急救援小组(如抢险救援组、医疗救护组、后勤保障组等)的组成和职责分工;预防与预警部分规定事故预防措施、预警信息发布与接收等内容;应急响应部分详细描述不同级别事故的响应程序、应急处置措施和人员疏散等流程;后期处置部分涵盖事故现场清理、环境恢复、事故调查与评估等工作;保障措施部分说明应急资源保障、人员培训与演练、通讯与信息保障等内容;附则部分包括预案的修订、解释和生效时间等。

内容编写:按照框架结构,结合风险评估和应急资源调查结果,编写应急预案的具体内容。在编写过程中,要注重内容的科学性、实用性和全面性。例如,在应急处置措施中,针对不同类型的事故,详细说明具体的操作步骤、技术要求和注意事项；在人员疏散部分，绘制实验室的疏散平面图，标注疏散路线、安全出口、集合地点等信息，并明确疏散过程中的指挥和引导方式。

（四）征求意见与评审

内部征求意见：将起草好的应急预案在实验室内广泛征求意见，征求对象包括全体实验室人员、相关部门（如学校科研管理部门、资产管理部门等）以及可能受到实验室事故影响的周边单位或人员。通过召开座谈会、发放征求意见表等方式，收集各方对应急预案的修改意见和建议，重点关注预案的可行性、合理性和可操作性。例如，实验室一线操作人员可能会提出在应急操作过程中的一些实际困难和问题，周边单位或人员可能会对事故可能造成的影响及预防措施提出意见。

专家评审：组织相关领域的专家对应急预案进行评审。专家组成员应包括实验室安全专家、相关专业技术专家（如化学、生物、物理等专业）、应急管理专家以及消防、医疗等方面的专业人士。专家评审主要从预案的科学性、完整性、规范性以及与相关法规和标准的符合性等方面进行审查，提出专业的评审意见和建议。例如，安全专家可能会对应急预案中的安全措施是否到位进行评估，消防专家会对火灾事故的应急处置和消防设施的配置提出意见，医疗专家会对医疗救护部分进行审查并提出改进建议。

（五）应急预案的发布与实施

发布与备案：根据征求意见和专家评审结果，对应急预案进行修改完善后，由实验室负责人签署发布。同时，按照相关规定，将应急预案报学校相关部门（如安全管理部门、科研管理部门等）备案，对于涉及危险化学品、放射性物质等特殊情况的实验室，还要报当地政府相关监管部门（如应急管理局、生态环境局等）备案。

培训与演练：应急预案发布后，要组织实验室人员进行培训，使全体人员熟悉应急预案的内容、应急职责和应急操作流程。培训方式可以包括集中授课、现场演示、案例分析等。同时，定期组织应急演练，演练内容包括事故模拟、应急响应、救援处置、人员疏散等环节。通过演练，检验应急预案的有效性，提高实验室人员的应急能力和协同配合能力，并根据演练结果进一步完善应急预案。

第二节　常见事故应急处理

一、火灾事故

（一）火灾报警

1. 报警流程

一旦发现实验室发生火灾，发现者应立即拨打校园内的报警电话（一般为校园安保部门或消防控制中心的专用号码），清晰准确地报告火灾发生的地点，具体到实验室所在的楼号、楼层、房间号。例如："我是××楼××层××实验室，这里发生了火灾。"同时，简要说明火灾的情况，如火势大小、燃烧物质的大致类型（是化学品燃烧、电气火灾还是普通易燃物着火）等信息，以便消防人员能够提前做好相应的准备工作。

在报警后，要保持电话畅通，随时准备回答接警人员的询问，并在实验室外的安全地点等待消防人员的到来，以便为他们指引方向或提供更多关于火灾现场的信息。

2. 报警注意事项

报警时要保持冷静，语速适中，吐字清晰，避免因慌张而导致信息传达错误或不完整。不能夸大或缩小火灾的实际情况，如实提供信息有助于消防部门制定正确的灭火救援方案。如果周围有其他人，可安排他们去通知实验室负责人或其他相关人员，同时协助进行一些简单的应急准备工作，如关闭临近实验室的门窗，防止火势蔓延等。

（二）人员疏散

1. 疏散原则

遵循快速、有序、安全的原则。在火灾发生时，以最快的速度组织人员撤离火灾现场是首要任务。要按照预定的疏散路线进行疏散，避免混乱和拥挤，防止发生踩踏事故。确保人员疏散到安全的地点，一般是远离火灾建筑的空旷场地，如校园操场或指定的紧急集合点。

2. 疏散方法

熟悉疏散路线：实验室人员在日常工作中应熟悉所在实验室的疏散路线，包括安全出口的位置、疏散通道的走向等。一般每个实验室都应有至少两条疏散路线，在火灾发生时，根据火势和烟雾的情况选择合适的路线疏散。例如，如果某一疏散通道被烟雾封锁，可以迅速转向另一条通道疏散。疏散路线应在实验室明显位置标识出来，并定期进行演练。

引导与协助：实验室负责人或现场的教师、工作人员应承担起疏散引导的责任，组织人员有序疏散。对于行动不便的人员（如受伤者、残疾人等），要安排专人协助其疏散。可以使用轮椅、担架等工具，确保他们能够安全撤离。在疏散过程中，要提醒人员用湿毛巾捂住口鼻，低姿前行，以减少烟雾的吸入。如果烟雾较大，可沿着墙壁摸索前进，因为墙壁附近的烟雾相对较淡，且墙壁能起到一定的导向作用。

（三）灭火行动

1. 灭火器的使用

选择合适的灭火器：高校实验室一般配备有多种类型的灭火器，如干粉灭火器、二氧化碳灭火器等。对于普通的固体火灾（如纸张、木材着火）和液体火灾（如酒精、汽油着火），干粉灭火器适用范围较广。而对于电气火灾或贵重仪器设备周围的火灾，二氧化碳灭火器更为合适，因为它不会留下残留物，不会对设备造成二次损坏。在使用灭火器前，要先判断火灾类型，然后选择相应的灭火器。

操作步骤：以干粉灭火器为例，使用时先将灭火器提到距离火源 3—5 米的上风位置，拔掉保险销，然后握住喷管，对准火焰根部按压压把，左右扫射，使灭火剂覆盖整个燃烧区域。在使用过程中，要注意保持灭火器的直立状态，确保灭火剂能够顺利喷出。如果是二氧化碳灭火器，由于其喷出的是低温二氧化碳气体，在使用时要注意防止冻伤，握住喷管的手应戴手套。

2. 消防栓的使用

连接与展开：如果火灾较大，灭火器无法有效控制火势时，可使用消防栓进行灭火。首先，打开消防栓箱门，取出消防水带和水枪，将水带的一端与消防栓接口连接，确保连接牢固，然后迅速展开水带，向火灾现场铺设，避免水带打结或扭曲。

喷水灭火：需要两人配合，一人将水枪连接到水带的另一端，握住水枪，对准火焰，另一人打开消防栓阀门，控制水压和水流方向，使水能够有力地喷射到火焰上。在使用消防栓灭火时，要注意周围环境，防止水流对人员造成伤害或对未着火的设备、物品造成损坏。

（四）火灾现场的保护与后续处理

1. 现场保护

在消防人员到达之前，尽量保护火灾现场的完整性，不要随意翻动或破坏现场的物品和痕迹。这对于后续火灾原因的调查非常重要。可以安排专人在现场周围设置警戒线，阻止无关人员进入。如果火灾涉及危险化学品或贵重仪器设备，要特别注意保护相关区域，避免化学品泄漏扩散或仪器设备进一步受损。

2. 配合调查

火灾扑灭后，实验室相关人员要积极配合消防部门和学校相关机构的调查工作。如实提供火灾发生前实验室的活动情况，如实验内容、使用的设备和材料、人员操作情况等信息。协助调查人员收集现场的证据，如火灾残留物、监控视频资料等，以便尽快查明火灾原因，总结经验教训，采取相应的预防措施，防止类似火灾再次发生。同时，要对火灾造成的损失进行统计和评估，包括人员伤亡、设备损坏、实验数据丢失以及对教学科研工作的影响等方面，以便进行后续的理赔和恢复工作。

二、化学品泄漏事故

（一）事故报警与通报

1. 报警流程

一旦发现化学品泄漏，现场人员应立即向实验室负责人报告。如果泄漏情况较为严重，如涉及大量高毒、易燃、易爆化学品泄漏，或已造成人员受伤、环境污染等情况，还需同时拨打校园安全管理部门或当地应急救援电话（如消防、环保、医疗等部门）。在报警时，要清晰准确地说明事故发生的地点，包括实验室所在的楼号、楼层、房间号，以及化学品的名称、性质（如是否有毒、易燃、易爆等）、泄漏量的大致估计等信息。例如："我是××楼××层××实验室，这里发生了约××毫升浓硫酸泄漏事故，目前暂无人员伤亡。"

2. 通报相关人员与部门

实验室负责人在接到报告后，应迅速通知实验室内部所有人员停止手头工作，按照预定的疏散路线有序撤离泄漏区域。同时，向学校科研管理部门、设备管理部门、后勤保障部门等相关部门通报事故情况，以便他们及时采取相应的措施，如调配资源、组织救援力量、准备应急物资等。如果泄漏化学品可能对周边环境或社区造成影响，还需及时通知周边单位和居民，告知他们采取必要的防护措施，如关闭门窗、避免户外活动等。

（二）人员疏散与防护

1. 疏散原则与方法

快速有序撤离：遵循快速、有序、安全的原则进行人员疏散。按照实验室预先制定的疏散路线图，引导人员向远离泄漏源的方向疏散。一般选择上风方向和地势较高的路线，以减少化学品蒸气或烟雾的吸入和接触。疏散过程中，要避免拥挤和慌乱，防止发生踩踏事故。例如，在狭窄的通道或楼梯间，要安排人员维持秩序，依次疏散。

特殊人群照顾：对于行动不便的人员（如受伤者、残疾人等），要安排专人协助其疏散。可以使用轮椅、担架等工具，确保他们能够安全撤离。同时，提醒人员用湿毛巾捂住口鼻（如果泄漏化学品允许这样做），以减少有害气体的吸入。对于可能接触到泄漏化学品的皮肤部位，要尽量用衣物或其他物品遮盖，避免皮肤直接接触。

2. 防护装备的使用

个人防护装备配备：在疏散过程中，如果条件允许，人员应佩戴适当的个人防护装备。对于有毒化学品泄漏，应佩戴防毒面具或口罩（根据化学品的毒性和挥发性选择合适的滤毒罐或过滤材料）；对于腐蚀性化学品泄漏，要穿戴耐酸碱手套、防护服、护目镜等防护用品。防护装备应存放在实验室易于取用的位置，并定期进行检查和维护，确保其性能良好。

防护装备的正确使用：在穿戴防护装备时，要按照正确的方法进行操作。例如，佩戴防毒面具时，要检查面具的密封性，调整好头带的松紧度，确保面部与面具贴合紧密，无漏气现象。使用耐酸碱手套时，要检查手套有无破损，穿戴后要确保手套覆盖到手腕以上，防止化学品从袖口处进入。

（三）泄漏源控制与清理

1. 泄漏源控制

小量泄漏处理：如果是小量化学品泄漏，在确保人员安全的前提下，可以尝试采取一些简单的措施来控制泄漏源。例如，对于液体化学品泄漏，可以使用吸收材料（如沙子、蛭石、专用化学吸收剂等）将泄漏物吸收，然后将吸收后的物质收集到专用的容器中进行后续处理。对于固体化学品泄漏，要小心地将散落的固体收集起来，放入密封的容器中，防止其进一步扩散。在处理过程中，要避免使用可能与泄漏化学品发生反应的工具或材料。

大量泄漏处理：对于大量化学品泄漏，尤其是涉及易燃、易爆或高毒化学品的情况，必须由专业的应急救援人员在做好充分防护的情况下进行处理。一般先切断泄漏源，如关闭阀门、停止化学反应等。如果泄漏发生在容器破裂的情况下，可以尝试用堵漏工具（如木楔、堵漏胶等）对容器进行临时堵漏，以减少泄漏量。在处理过程中，要密切关注泄漏化学品的性质和周围环境的变化，防止发生火灾、爆炸或二次泄漏等事故。

2. 泄漏物清理

清理方法选择：根据泄漏化学品的性质和泄漏量，选择合适的清理方法。对于可生物降解的化学品，可以采用自然降解或添加生物降解剂的方法进行处理；对于有毒化学品，要采用专门的化学处理方法，将其转化为无害或低毒的物质。在清理过程中，要注意防止清理过程中产生的废水、废气、废渣对环境造成二次污染。

清理后的处置：清理后的泄漏物及相关废弃物要按照危险化学品废弃物处理的规定进行妥善处置。一般将其收集到专用的危险废物容器中，贴上标签，注明化学品名称、性质、来源等信息，然后交由有资质的危险废物处理单位进行处理。严禁将泄漏物及废弃物随意倾倒或排入下水道、垃圾桶等普通环境设施中。

（四）事故后续处理与调查

1. 现场恢复与检查

在泄漏事故得到妥善处理后，要对事故现场进行全面的恢复和检查。首先，对泄漏区域进行彻底的清洗和消毒，去除残留的化学品。然后，检查周围的设备、仪器、通风系统等是否受到损坏，如有损坏，要及时进行维修或更换。同时，对实验室的环境进行监测，确保空气质量、水质等符合安全标准。例如，可以使用空气质量监测仪检测空气中有害气体的浓度，使用水质检测试剂检测排水中的化学物质含量。

2. 事故调查与总结

学校应组织相关部门和专业人员对化学品泄漏事故进行调查。调查内容包括事故发生的原因、泄漏化学品的种类和数量、事故处理过程、人员伤亡和财产损失情况等。通过调查，找出事故发生的根本原因，如人为操作失误、设备故障、管理漏洞等，针对这些原因提出相应的预防措施和改进建议，以防止类似事故的再次发生。同时，要对事故处理过程中的经验教训进行总结，完善实验室的应急预案和安全管理制度，提高实验室的整体安全管理水平。例如，如果事故是由人员操作失误引起的，要加强人员的安全培训和操作规程的执行力度；如果是设备故障导致的，要加强设备的日常维护和检查，及时更新老化的设备。

三、生物安全事故

（一）事故报告与预警

1. 报告流程

一旦发生生物安全事故，如实验室人员感染病原体、生物样本泄漏、高致病性微生物逸出等，发现者应立即向实验室负责人报告。报告时需详细说明事故发生的时间、地点（精确到实验室具体房间号）、涉及的生物材料（包括生物材料的名称、种类、来源、是否具有致病性等信息）以及事故的初步情况（如人员症状、泄漏范围等）。例如："在××楼××层××实验室，于××时××分发现装有埃博拉病毒样本的容器发生破裂，有少量样本泄漏，一名实验人员在处理过程中手套破裂，手部皮肤可能接触到样本，目前无明显症状。"

实验室负责人接到报告后,应迅速评估事故的严重程度,并在第一时间向学校生物安全管理部门、科研管理部门以及当地卫生健康部门、疾病预防控制中心等相关机构报告。报告内容应更加全面和详细,包括实验室的基本情况(如实验室的生物安全防护级别、主要研究方向等)、已采取的应急措施(如对泄漏区域的初步处理、对可能感染人员的隔离措施等)以及需要的支援和协助(如专业的消毒人员、检测试剂等)。

2. 预警发布

学校生物安全管理部门在接到报告后,应根据事故的性质和严重程度,及时发布预警信息。预警信息应包括事故的简要情况、可能的影响范围(如涉及的实验室区域、可能接触到生物材料的人员范围等)、应采取的防护措施(如佩戴口罩、手套、防护服等,避免进入特定区域等)以及后续的信息获取渠道(如指定的联系电话、网站或公告栏等)。预警信息可以通过校园广播、短信通知、校园网公告等多种方式向全校师生员工发布,确保相关人员能够及时知晓并采取相应的行动。

(二)人员隔离与医学观察

1. 隔离原则与范围

对于可能接触到生物安全事故中生物材料的人员,应立即进行隔离。隔离原则是根据生物材料的致病性和传播途径,选择合适的隔离场所和方式。例如,对于经空气传播的高致病性微生物,如天花病毒,应将可能感染的人员安置在负压隔离病房;对于经接触传播的生物材料,如艾滋病病毒,可将接触者安置在普通隔离病房,但要严格限制其活动范围,避免与他人接触。隔离范围不仅包括直接接触生物材料的实验人员,还应包括在事故发生时处于同一实验室区域的其他人员,以及可能因后续处置(如清理泄漏物、消毒等)而接触到生物材料的人员。

在隔离期间,要对隔离人员进行密切观察,观察内容包括体温、症状(如咳嗽、腹泻、皮疹等)、体征(如肺部听诊、淋巴结肿大等)等。观察频率应根据生物材料的潜伏期和致病性确定，一般对于潜伏期较短、致病性较强的生物材料，观察频率应较高，如每2—4小时观察一次；对于潜伏期较长的生物材料，可适当延长观察间隔时间，但每天至少观察一次。

2. 医学检查与检测

对隔离人员应尽快进行医学检查和相关检测。医学检查包括一般的体格检查、血常规、生化检查等，以初步判断人员的身体状况。同时，根据生物材料的种类，进行针对性的检测，如对于病毒感染，可进行病毒核酸检测、血清学检测（如检测特异性抗体）等；对于细菌感染，可进行细菌培养、药敏试验等。检测样本的采集应遵循相关的操作规程，确保样本的质量和检测结果的准确性。检测结果应及时反馈给隔离人员和相关医疗机构，以便制定进一步的治疗或观察方案。

（三）现场处置与消毒

1. 泄漏物处理

对于生物样本泄漏事故，应首先对泄漏物进行处理。如果泄漏物为固体生物材料，如组织切片、培养物等，应使用专用的工具（如镊子、铲子等）将其小心收集到密封的容器中，避免泄漏物扩散。对于液体生物材料，如培养液、菌液等，可使用吸收材料（如吸水纸、棉球等）进行吸附，然后将吸附后的材料与泄漏物一起集中处理。在收集过程中，要注意防止操作人员接触到泄漏物，穿戴好防护服、手套、护目镜等防护装备。

收集后的泄漏物应按照生物危险废物处理的规定进行处置。一般将其装入专用的生物危险废物袋或容器中，进行高压灭菌或化学消毒处理。高压灭菌应在专门的高压灭菌器中进行，按照规定的温度、压力和时间参数进行操作，确保彻底灭活生物材料中的病原体。化学消毒可使用合适的消毒剂（如含氯消毒剂、过氧乙酸等），按照规定的浓度和作用时间进行处理。

2. 环境消毒

在处理完泄漏物后，应对事故现场及周围环境进行消毒。消毒范围应包括泄漏区域、可能被污染的设备、仪器、工作台面、地面、墙壁等。根据生物材料的性质和消毒环境的特点，选择合适的消毒方法和消毒剂。例如，对于病毒污染，可使用含氯消毒剂、过氧乙酸等进行喷雾消毒或擦拭消毒；对于细菌芽孢污染，可能需要使用更高浓度的消毒剂或进行多次消毒处理。在消毒过程中，要确保消毒剂均匀覆盖消毒区域，达到规定的作用时间。消毒后，要对消毒效果进行检测，一般可采用微生物培养法或生物指示剂法，确保环境中的病原体已被彻底灭活。

（四）事故调查与后续处理

1. 事故调查

学校应组织专门的事故调查小组对生物安全事故进行调查。调查小组应由生物安全专家、实验室管理人员、相关科研人员等组成。调查内容包括事故发生的原因（如人为操作失误、设备故障、生物材料管理不善等）、事故的经过（详细描述事故发生的各个环节，包括实验操作过程、生物材料的储存和使用情况）、事故的影响范围（如涉及的人员数量、实验室区域面积、对周边环境的影响等）以及已采取的应急措施的效果评估。调查方法可包括现场勘查、人员访谈、查阅实验室记录（如实验日志、生物材料出入库记录等）等。通过调查，找出事故发生的根本原因，为制定预防措施和改进实验室生物安全管理提供依据。

调查结果应形成详细的事故调查报告，报告应包括事故的基本情况、调查过程、调查结果、原因分析、预防措施建议等内容。事故调查报告应上报学校领导、相关政府部门（如卫生健康部门、教育部门等），并在学校内部进行通报，以便全体师生员工吸取教训，提高生物安全意识。

2. 后续处理

对于因生物安全事故导致的人员感染或患病，应按照相关的医疗规范进行治疗和康复。学校应提供必要的医疗支持和保障，包括安排专家会诊、提供医疗费用等。对于因事故受到心理影响的人员，如因担心感染而产生恐惧、焦虑等情绪的人员，应提供心理辅导和咨询服务，帮助他们缓解心理压力，恢复正常的工作和学习状态。

在事故处理结束后,应及时总结经验教训,对实验室的生物安全管理体系进行全面的评估和完善。包括修订生物安全管理制度和操作规程,加强生物材料的管理(如规范生物材料的采购、储存、使用和处置流程),强化人员的生物安全培训(如增加培训内容、提高培训频率等),改善实验室的硬件设施(如更新生物安全防护设备、完善实验室通风系统等),以防止类似生物安全事故的再次发生。

第三节 应急演练的组织与实施

一、演练策划与准备

(一)确定演练目标与主题

目标设定:明确演练的目的,如检验实验室应急预案的可行性,提高实验室人员的应急响应能力,增强各部门之间的协调配合等。例如,通过演练评估在化学试剂泄漏事故发生时,人员是否能够按照预案迅速疏散,正确使用防护装备和应急处理工具,以及相关部门是否能及时响应并有效开展救援工作。

主题选择:根据实验室的实际情况和风险评估结果确定演练主题。可以是火灾事故、化学品泄漏事故、生物安全事故、辐射事故等常见的实验室安全事故类型。例如,针对化学实验室经常使用易燃易爆化学品的特点,选择化学品火灾爆炸事故作为演练主题。

(二)制定演练方案

方案内容:演练方案应包括演练的时间、地点、参与人员、演练场景设置、演练流程、各环节的时间安排以及预期效果等。例如，在时间安排上，确定演练开始和结束的具体时间，以及各个演练阶段（如事故发生、报警、人员疏散、应急处置、救援行动等）的时间节点；在场景设置方面，详细描述事故发生的具体情况，如化学品泄漏的位置、泄漏量、燃烧物质的种类和范围等。

审核与完善：演练方案制定后，组织相关专家和实验室人员进行审核。专家从专业角度评估方案的科学性和合理性，实验室人员则从实际操作层面提出意见和建议。根据审核意见对演练方案进行修改完善，确保方案切实可行。

（三）人员培训与物资准备

人员培训：对参与演练的人员进行培训，包括实验室工作人员、应急救援人员、相关部门工作人员等。培训内容涵盖应急知识、演练流程、个人职责、安全注意事项等。例如，向实验室人员讲解在不同事故场景下如何正确使用灭火器、防护装备以及如何进行人员疏散；对应急救援人员进行专业救援技能培训，如消防队员进行灭火技能培训，医疗人员进行急救知识和技能培训。

物资准备：根据演练方案准备相应的物资，如灭火器、消防水带、防护装备（安全帽、防毒面具、手套、防护服等）、急救药品和器材、堵漏工具、模拟泄漏化学品或生物样本、通信设备等。确保物资数量充足、性能良好，并提前放置在指定位置。例如，在化学品泄漏演练中，准备足够的吸收材料（如沙子、蛭石等）和堵漏工具（如木楔、堵漏胶等）。

二、演练实施过程

（一）演练启动

宣布开始：在演练开始前，由演练总指挥宣布演练正式开始。总指挥简要介绍演练的背景、目的和注意事项，使参与演练的人员明确演练的整体情况。例如，在火灾演练中，总指挥说明此次演练是模拟某实验室因电气故障引发火灾，强调演练过程中的安全问题，如避免在疏散过程中拥挤、防止灭火器使用不当造成伤害等。

营造场景：按照演练方案，通过模拟事故发生的场景启动演练。例如，在化学品泄漏演练中，通过释放模拟泄漏化学品（如无害的有色液体）、触发警报装置、设置烟雾效果等方式营造真实的事故氛围，使参与人员能够迅速进入应急状态。

（二）应急响应与处置

报警与通报：演练场景中的相关人员按照预案要求进行报警和通报。如发现事故的人员立即拨打校园报警电话，向实验室负责人报告事故情况，实验室负责人则向学校相关部门（如安全管理部门、科研管理部门、后勤保障部门等）通报事故信息。在报警和通报过程中，要求人员准确报告事故的类型、发生地点、严重程度等关键信息。

人员疏散与救援：接到疏散指令后，实验室人员按照预定的疏散路线迅速有序地撤离事故现场。疏散过程中，有专人负责引导，提醒人员用湿毛巾捂住口鼻（如火灾演练）、低姿前行等。同时，应急救援人员迅速开展救援行动，如消防队员进行灭火作业，医疗人员对受伤人员进行急救处理，专业人员对泄漏源进行控制和清理（如化学品泄漏演练）等。在救援过程中，各救援小组之间要密切配合，按照各自的职责和任务有序开展工作。

（三）演练记录与评估

记录演练过程：安排专人对演练过程进行记录，包括文字记录、拍照、录像等。记录内容包括演练的各个环节、人员的行动表现、物资的使用情况、事故场景的变化等。例如，记录消防队员到达火灾现场的时间、使用的灭火战术和设备，记录医疗人员对受伤人员的急救处理步骤和效果，记录实验室人员在疏散过程中的秩序和速度等。

实时评估演练效果：在演练过程中，设立评估小组对演练效果进行实时评估。评估小组由相关专家和管理人员组成，他们根据演练的目标和要求，观察演练的各个环节，及时发现问题并记录下来。例如，评估人员观察人员在疏散过程中是否熟悉疏散路线，是否能够正确使用防护装备；观察应急救援人员的操作是否规范，各救援小组之间的协调配合是否顺畅等。

三、演练总结与改进

（一）演练总结会议

总结演练情况：演练结束后，组织召开演练总结会议。由各演练小组负责人汇报本小组在演练中的工作情况，包括完成的任务、遇到的问题、采取的措施等。例如，消防小组汇报灭火过程中遇到的困难，如消防栓水压不足、火灾现场烟雾较大影响视线等；疏散小组汇报人员疏散过程中的情况，如是否存在人员疏散不及时、疏散路线标识不清晰等问题。

全面评估演练效果：评估小组在会上全面评估演练的效果，根据演练记录和现场观察情况，对演练的各个方面进行分析评价。评估内容包括应急预案的可行性、人员的应急响应能力、物资的准备和使用情况、各部门之间的协调配合等。例如，评估应急预案是否存在漏洞或不合理之处，如应急响应流程是否过于繁琐、某些应急措施是否不切实际；评估人员在演练中的表现是否达到预期目标，如是否能够迅速准确地判断事故情况并采取相应的行动；评估物资是否满足应急需求，如防护装备是否合适、数量是否充足等。

（二）制定改进措施

针对问题提出改进方案：根据演练总结和评估结果，针对演练中发现的问题制定具体的改进措施。例如，如果发现演练中人员疏散不及时，改进措施可以包括加强人员的疏散演练培训、优化疏散路线、增加疏散指示标识等；如果发现应急救援物资不足或性能不佳，改进措施可以包括补充物资储备、定期检

第七章 实验室安全应急预案

查和维护物资设备等。

完善应急预案和相关制度：将改进措施纳入实验室应急预案和相关安全管理制度中，对应急预案进行修订完善，使其更加科学合理、切实可行。同时，对实验室的安全管理规定、操作规程等进行相应的调整和优化，以提高实验室的整体安全管理水平。例如，根据演练中发现的问题，对应急预案中的应急响应流程进行简化和优化，明确各部门在应急救援中的职责和任务分工；修订实验室的化学品管理规定，加强对化学品储存、使用和处置的安全管理。

（三）持续跟进与监督

跟踪改进措施落实情况：对制定的改进措施进行持续跟进，明确责任人和时间节点，确保改进措施得到有效落实。例如，安排专人负责监督疏散指示标识的安装和更新工作，定期检查物资储备的补充情况等。

定期复查与演练回顾：定期对实验室的安全管理情况进行复查，检查改进措施的实施效果。同时，回顾演练过程和总结报告，不断总结经验教训，为今后的演练和应急管理工作提供参考。例如，每隔一段时间对实验室的疏散路线进行检查，确保疏散指示标识清晰可见、疏散通道畅通无阻；在下次演练策划时，参考本次演练的总结报告，避免出现同样的问题，进一步提高演练的质量和效果。

第八章

实验室安全管理案例分析

第一节　化学实验室安全事故案例

一、案例描述与原因分析

（一）浓硫酸泄漏事故

1. 案例描述

在一所大学的化学分析实验室，实验人员正在进行样品的消解处理，需要使用浓硫酸。在将浓硫酸从试剂瓶转移至消解容器的过程中，由于玻璃分液漏斗的活塞没有拧紧，浓硫酸开始缓慢泄漏。起初实验人员并未察觉，随着时间推移，泄漏的浓硫酸逐渐增多，并流到了实验台面上。浓硫酸与实验台面上的其他物质发生反应，产生刺鼻气味和大量烟雾。当实验人员发现时，试图用抹布去擦拭，结果抹布被浓硫酸迅速腐蚀，部分浓硫酸溅到了实验人员的手上和衣服上，造成皮肤灼伤。同时，泄漏的浓硫酸还沿着实验台流到地面，腐蚀了地面材料，并对周围放置的一些仪器设备造成了不同程度的损坏。

2. 原因分析

操作不规范：实验人员在使用分液漏斗前没有仔细检查仪器的完整性，未确保活塞拧紧，这是导致浓硫酸泄漏的直接原因。在转移危险化学品时，实验人员没有采取足够的谨慎态度，操作过程中注意力不够集中，缺乏对可能出现的危险情况的预判。

应急处理知识不足：当发现浓硫酸泄漏时，实验人员采用了错误的处理方式。不了解浓硫酸具有强腐蚀性，不能用普通抹布去擦拭，而应该先使用大量的水进行稀释后再处理，或者使用专门的中和剂进行中和处理。这反映出实验人员应急处理方面的知识不足，没有掌握正确的危险化学品泄漏应对方法。

实验室管理不善：实验室对仪器设备的日常维护和检查制度可能不完善，没有定期检查分液漏斗等玻璃仪器的完好性，导致有缺陷的仪器被用于实验操作。并且实验室可能没有配备足够的应急处理物资，如中和剂、防护围裙、大量的水冲洗装置等，在事故发生时无法及时有效地进行应对。

（二）氢气爆炸事故

1. 案例描述

某化学实验室在进行氢气还原氧化铜的实验。实验装置包括氢气发生装置（由锌粒和稀硫酸反应制取氢气）、气体净化装置和反应装置。在实验过程中，一名学生为了加快氢气的产生速度，私自加大了稀硫酸的浓度，且没有对产生的氢气进行纯度检测就直接通入反应装置。当氢气通入反应装置并遇到加热的氧化铜时，由于氢气中混有空气，发生了剧烈的爆炸。爆炸导致反应装置破裂，玻璃碎片四处飞溅，附近的一名学生眼部被玻璃碎片划伤，实验台周围的一些其他仪器设备也被炸毁，实验室的部分窗户玻璃被震碎，并且爆炸引发的火焰还引燃了实验台上的一些易燃化学品，进一步扩大了事故的危害范围。

2. 原因分析

违规操作：学生违反实验操作规程，随意改变实验条件，私自加大稀硫酸浓度，这使得氢气产生速度过快且可能夹杂更多杂质。更严重的是没有对氢气纯度进行检测就通入反应装置，这是导致爆炸事故的关键错误操作。学生可能存在急于求成的心理，忽视了实验安全规则的重要性。

安全监督缺失：在实验过程中，教师或实验室管理人员没有及时发现和制止学生的违规操作行为。可能是因为同时指导的学生数量较多，无法做到全面细致的监督，或者是在实验室巡视过程中不够认真仔细，未能察觉学生在实验操作中的异常情况。

实验设计与安全教育不足：实验设计可能没有充分强调氢气纯度检测的重要性以及违规操作可能带来的严重后果，导致学生对这一关键步骤不够重视。同时，在安全教育方面，可能只是简单地提及了氢气的易燃易爆性，但没有深入讲解在实验过程中如何具体防范氢气爆炸的风险以及应对可能出现的爆炸事故的方法，使得学生在面对实际问题时缺乏正确的应对能力。

二、汲取的教训与改进措施

（一）针对浓硫酸泄漏事故

1. 汲取的教训

任何化学实验操作都容不得半点马虎，微小的疏忽都可能引发严重后果。对于危险化学品的使用，必须严格遵循操作规范，在使用前要全面检查仪器设备的完整性和安全性。

实验人员应具备扎实的应急处理知识，了解不同危险化学品泄漏后的正确处理方式，不能仅凭直觉或错误经验行事。

实验室管理的各个环节都至关重要，从仪器设备的日常维护检查到应急物资的配备储备，都应做到严谨细致，以应对可能出现的突发状况。

2. 改进措施

（1）人员培训方面

开展定期的危险化学品操作规范培训课程，不仅包括理论知识讲解，还应增加实际操作演示和错误操作案例分析，让实验人员深刻认识到规范操作的重要性和违规操作的危险性。

强化应急处理培训，邀请专业人员进行不同类型危险化学品泄漏、火灾、爆炸等事故的应急处理方法培训，包括正确使用应急物资、急救措施等，并定期组织应急演练，提高实验人员的实际应对能力。

（2）仪器设备管理方面

建立完善的仪器设备管理制度，规定定期检查、维护和保养的时间周期和具体流程。对于玻璃仪器等易损设备，在每次使用前都要进行外观检查和功能测试，如检查分液漏斗活塞的密封性等。

对有缺陷或损坏的仪器设备及时进行维修或报废处理，并做好记录，严禁使用有安全隐患的仪器进行实验。

（3）实验室物资配备方面

根据实验室所使用的危险化学品种类和数量，配备充足的应急处理物资，如针对浓硫酸泄漏，应配备大量的水冲洗装置、合适的中和剂（如碳酸氢钠溶液）、耐酸碱手套、防护围裙、护目镜等，并定期检查物资的有效期和完好性。

设立专门的应急物资存放区域，确保物资易于取用，并在存放区域张贴明显的标识和使用说明。

（二）针对氢气爆炸事故

1. 汲取的教训

实验人员必须严格遵守实验操作规程，不能为了追求实验进度或效果而擅自改变实验条件或省略关键步骤，对实验中的安全风险要有足够的敬畏之心。

实验室安全监督机制应健全有效，教师或管理人员要切实履行监督职责，及时发现和纠正学生的违规行为，防止安全事故的发生。

实验设计应充分考虑安全因素，在实验教学或科研项目设计时，要详细说明每个步骤的安全要点和潜在风险，并在安全教育中重点强调。

2. 改进措施

（1）实验教学与管理方面

在实验教学过程中，教师要详细讲解实验操作规程和安全注意事项，对于关键步骤如氢气纯度检测等要进行反复强调和示范，并要求学生在实验前进行预习和操作流程复述，确保学生清楚了解实验要求。

减少教师指导学生的数量比例，提高教师对每个学生实验操作的关注度和监督频率，及时发现并制止学生的违规操作行为。建立违规操作记录档案，对违规学生进行批评教育和再次培训，提高学生的安全意识和遵守规则的自觉性。

（2）实验设计优化方面

在设计实验时，对涉及易燃易爆气体或其他危险物质的实验，要充分评估风险，优化实验流程，尽可能简化操作步骤并降低风险。例如，可以采用自动化设备或预先制备好高纯度的气体进行实验，减少在实验室现场制取和处理危险气体的环节。

在实验教材或指导手册中，增加详细的安全风险分析和应对措施内容，不仅要告知学生可能出现的危险情况，还要说明如何预防和处理，让学生在实验前有充分的心理准备和知识储备。

（3）实验室安全文化建设方面

营造良好的实验室安全文化氛围，通过张贴安全标语、宣传海报、定期开展安全知识讲座和交流活动等方式，让安全意识深入人心，使实验人员自觉遵守安全规定，形成相互监督、相互提醒的良好风气。

建立安全奖励机制，对遵守安全规定、发现并报告安全隐患的实验人员给予一定的奖励，鼓励大家积极参与实验室安全管理工作。

第二节　生物实验室安全事故案例

一、案例背景与后果

（一）SARS 病毒样本泄漏事故

1. 案例背景

某研究机构的生物安全实验室在进行关于 SARS 病毒的研究工作。实验人员在对病毒样本进行转移操作时，操作失误，导致装有 SARS 病毒样本的容器破裂。该实验室在安全防护设施和操作规范方面存在一定漏洞，例如，实验人员所使用的防护手套可能存在微小破损未被及时发现，且在样本转移的操作流程上不够严谨，缺乏双人核对机制。

2. 后果

这次病毒样本泄漏事故引发了极大的恐慌。虽然未直接导致人员感染严重疾病，但实验室所在区域被紧急封锁隔离，大量相关人员需要接受医学观察和检测，耗费了大量的医疗资源和社会成本。同时，该事件引起了公众对生物实验室安全的高度关注和担忧，对研究机构的声誉造成了严重损害，也使得全球范围内对生物实验室的安全管理和规范进行了重新审视和反思。

（二）细菌培养物污染事故

1. 案例背景

在一所大学的微生物实验室，学生们正在进行细菌培养实验。由于实验室的消毒灭菌工作存在缺陷，培养细菌所使用的培养基在制备过程中被杂菌污染。而且实验室的通风系统不佳，导致细菌在培养过程中产生的有害气体在室内积聚。此外，实验室的废弃物处理不规范，使用过的培养皿等没有及时进行高压灭菌处理就随意丢弃在普通垃圾桶内。

2. 后果

部分学生在实验过程中出现了呼吸道感染症状，如咳嗽、发热等，疑似受到细菌感染。实验室的环境受到严重污染，需要进行全面的消毒清洁和整顿。这起事故不仅影响了学生的健康和科研进程，还暴露出该实验室在日常管理、设备维护、人员培训等多方面存在严重不足，学校面临着来自学生家长、教育部门以及社会各界的巨大压力，需要采取一系列措施来整改和恢复实验室的正常运行与声誉。

二、防范对策探讨

（一）完善安全管理制度与流程

建立严格的样本管理体系，包括样本的接收、储存、使用、转移和销毁等环节，都要有详细的记录和双人核对机制，确保样本的安全可控。例如，在样本转移时，除了操作人员，还应有监督人员在场，核对样本信息和操作步骤。

规范实验室的消毒灭菌制度，明确不同区域、不同实验器材和废弃物的消毒灭菌方法和频率。如对于细菌培养区域，每次实验前后都要进行彻底的消毒，包括使用紫外线照射、化学消毒剂擦拭等多种方式联合消毒。

优化废弃物处理流程，将实验室废弃物分为不同类别，如感染性废弃物、化学性废弃物等，分别采用合适的处理方式，如感染性废弃物必须经过高压灭菌后再按照危险废物处理程序交由专业机构处理。

（二）加强人员培训与监督

开展全面的生物安全培训课程，包括生物危害知识、防护装备的正确使用、实验操作规范、应急处理措施等内容。培训不仅针对新入职人员，还要定期对在职人员进行复训，确保其始终牢记安全知识和技能。例如，定期组织防护装备的实际操作演练，让实验人员熟练掌握如何正确穿戴和脱下防护服、手套、口罩等装备，以及在装备出现破损等突发情况时的应对措施。

建立有效的监督机制，安排专人对实验室的日常运行进行巡查，检查实验人员是否遵守安全制度和操作规范，发现问题及时纠正并记录在案。同时，鼓励实验室人员相互监督，对于举报违规行为的人员给予一定奖励。

（三）强化设施建设与维护

确保生物实验室的建设符合相应的生物安全标准，如根据实验所涉及的生物危害等级配备合适的通风系统、负压隔离设施、生物安全柜等。通风系统要定期检查和维护，确保其正常运行，能够有效排出有害气体并防止污染空气倒流。例如，每月对通风系统的过滤器进行检查和更换，保证其过滤效果。

定期对实验室的设备设施进行维护保养，包括高压灭菌器、离心机、培养箱等常用设备，确保其性能良好，避免因设备故障引发安全事故。例如，每季度对高压灭菌器进行压力测试和温度校准，保证其灭菌效果可靠。

第三节 物理实验室安全事故案例

一、事故经过与影响

（一）激光实验事故

1. 事故经过

在某高校物理实验室进行激光光学实验时，一名研究生正在调试一台高功率激光设备。由于对设备的操作流程不够熟悉，他在调整激光谐振腔的过程中，误将激光的输出功率调至远超实验所需的水平，并且没有佩戴合适的激光防护眼镜。当激光发射时，高强度的激光束直接照射到实验台旁边的金属反射镜上，激光被反射后意外地射向了正在实验室另一区域进行数据记录的一名本科生的眼睛。尽管该学生在感觉到强光后迅速闭眼，但激光还是对其视网膜造成了严重的灼伤，导致视力急剧下降，经紧急送往医院治疗后，视力仍难以恢复到正常水平。

2. 影响

此次事故对受伤学生的身心健康造成了极大的伤害，不仅使其面临视力受损可能影响未来学业和职业发展的困境，还在心理上产生了巨大的阴影。对于实验室而言，该事故导致实验室的正常科研教学工作被迫中断，相关激光实验设备被查封检查，学校和实验室面临着学生家属的索赔以及教育部门和社会舆论的巨大压力，严重损害了实验室和学校的声誉，同时也引起了学校对物理实验室安全管理的高度重视，后续开展了大规模的实验室安全检查和整顿工作。

（二）电学实验火灾事故

1. 事故经过

在一个中学物理电学实验课堂上，学生们正在进行电路连接实验。其中一组学生在连接电路时，没有按照实验指导书上的电路图正确连接，将多个电阻并联后直接接入了高电压电源，导致电路中电流过大，电线迅速发热并开始冒烟。由于实验桌上摆放着许多易燃的纸张和塑料实验器材，电线起火后很快引燃了周围的物品。而实验室的灭火器配置不足且部分已过期，学生们在面对火灾时也缺乏基本的灭火知识和应急疏散经验，导致火势迅速蔓延。虽然最终消防人员赶到将大火扑灭，但实验室已经遭受了严重的破坏，大量实验设备和仪器被烧毁，多名学生在疏散过程中因吸入浓烟而出现身体不适，被送往医院进行观察治疗。

2. 影响

这起火灾事故给学校的教学工作带来了极大的冲击，该实验室在一段时间内无法正常使用，影响了后续物理实验课程的开展。学校需要投入大量资金用于修复实验室、购置新的实验设备和仪器，同时还要对学生进行心理疏导和安全教育。此外，该事故也引起了当地教育部门和其他学校对物理实验室安全的警觉，纷纷加强了对电学实验教学的安全管理和监督，对实验室的消防设施和安全管理制度进行了全面检查和完善。

二、安全管理启示

（一）针对激光实验事故

人员培训与资质管理：必须确保进行实验操作的人员经过严格的专业培

第八章　实验室安全管理案例分析

训，熟悉实验设备的操作流程和安全注意事项，尤其是对于像激光设备这样具有高危险性的仪器，操作人员应具备相应的资质或在有资质人员的指导下进行操作。在实验前，要对人员的知识和技能进行考核，杜绝因操作不熟练或无知而引发的事故。

安全防护设备配备与使用：实验室应根据实验类型和危险程度，配备齐全且合适的安全防护设备，如针对激光实验的专用防护眼镜，其防护波长范围和光学密度要符合实验要求。同时，要加强对实验人员防护设备使用的监督和培训，使其养成在实验过程中正确佩戴防护设备的习惯，不能因为一时的疏忽而导致严重后果。

设备安全设计与管理：激光设备应具备完善的安全设计，如设置激光功率限制装置、紧急制动按钮、光路封闭和警示系统等，防止因设备故障或误操作导致激光意外发射。实验室管理人员要定期对设备进行维护和检查，确保设备的安全性能良好，在设备出现问题时应及时维修或停止使用，并做好记录和标识。

（二）针对电学实验火灾事故

实验教学规范与监督：在实验教学过程中，教师要严格按照实验教学大纲和操作规程进行教学，确保学生在实验前充分理解实验目的、步骤和安全注意事项。教师应加强对学生实验操作的现场监督，及时发现和纠正学生的错误操作行为，不能让学生在无人监管的情况下随意进行实验操作。

消防设施与应急管理：实验室应配备足够数量且有效的消防设施，如灭火器、消防栓等，并定期进行检查和维护，确保其在紧急情况下能够正常使用。同时，要制定完善的应急疏散预案，定期组织学生和教师进行消防演练，让他们熟悉火灾发生时的应急处理流程，如如何报警、如何使用灭火器灭火、如何疏散等，提高人员的应急反应能力和自救互救能力。

实验室安全文化建设：学校和实验室应营造良好的安全文化氛围，通过开展安全知识讲座、张贴安全标语和海报、设置安全宣传栏等方式，向师生普及物理实验室安全知识，提高他们的安全意识和责任感。鼓励师生积极参与实验室安全管理，发现安全隐患及时报告并处理，形成人人重视安全、人人参与安全管理的良好局面。

第九章

未来实验室安全管理趋势

第一节　智能化安全管理系统的应用

在高校实验室安全管理领域，智能化安全管理系统的应用将成为未来极为关键的发展趋势，主要体现在以下四个方面。

一、环境与设备智能监测

高校实验室中各类实验对环境条件要求严格，智能化系统可利用高精度传感器网络，对温度、湿度、气压、光照以及特定实验相关的气体浓度（如化学实验室中的有害气体、生物实验室中的二氧化碳浓度等）进行 24 小时不间断监测。一旦环境参数偏离预设的安全范围，系统立即触发警报并自动调节相关设备，如启动通风系统以排出有害气体、调整空调设备稳定温度与湿度等。

对于实验设备，智能化管理系统能够深入监测其运行状态。通过内置的传感器，可以实时获取设备的工作温度、振动幅度、电流电压稳定性、关键部件的磨损程度等信息。以分析化学常用的高精度仪器为例，系统可提前预警可能出现的故障，如色谱仪的泵压异常、光谱仪的光源老化等，有效避免因设备突发故障导致实验中断、数据丢失甚至引发安全事故，同时为设备的预防性维护提供精准依据，大幅延长设备使用寿命，降低维修成本与设备更换频率。

二、人员行为智能分析与管控

借助先进的计算机视觉技术与人工智能算法，智能化安全管理系统能够对实验室人员的行为进行全方位、精细化分析。在实验操作区域，系统可以精准识别人员是否正确穿戴各类防护装备，包括实验服、护目镜、手套等，对于未按要求穿戴的人员及时发出警示并禁止其进入实验操作环节。

在实验过程中，系统可详细分析人员的操作步骤是否符合标准操作规程。例如，在化学合成实验中，监测试剂的取用顺序、添加量以及反应条件的控制是否准确；在生物实验中，观察样本的处理、接种以及仪器的操作是否规范。一旦检测到违规操作，系统不仅会立即发出警报，还能提供详细的错误操作信息与纠正建议，同时记录相关操作视频片段作为后续培训与事故调查的依据。

此外，通过对人员在实验室中的行动轨迹进行追踪与分析，系统能够优化实验室空间布局与人员流动管理。例如，识别人员密集区域与通行瓶颈，合理规划疏散路线，确保在紧急情况下人员能够快速、安全地撤离。同时，结合实验室门禁系统，智能化管理系统可根据人员的身份、权限以及实验任务安排，精确控制人员的出入区域与时间，有效防止未经授权人员进入危险实验区域或在非工作时间擅自进入实验室，从源头上降低安全风险。

三、智能应急响应与救援辅助

当实验室发生安全事故时，智能化安全管理系统能够迅速启动应急响应机制，实现自动化、智能化的救援辅助。系统可根据事故类型（如火灾、化学泄漏、生物污染等）与严重程度，自动切断相关设备电源、启动相应的消防设施（如灭火器、喷淋系统、气体灭火装置等）或泄漏处理设备（如通风换气、吸附材料投放等），并第一时间通知实验室管理人员、安全负责人以及校园应急救援团队。

在应急救援过程中，系统利用实验室内部的传感器网络与监控摄像头，为救援人员提供实时的事故现场信息，包括危险区域位置、有害气体扩散范围、人员被困情况等，帮助救援人员制定科学合理的救援方案。例如，通过热成像技术快速定位火灾中的火源与高温区域，指导消防人员精准灭火；利用气体传感器绘制有害气体浓度分布图，协助救援人员确定安全进入路线与防护装备需求。

同时，智能化系统还可与校园医疗急救中心以及周边专业救援机构建立联动机制，在事故发生后及时通报事故情况并请求支援，确保受伤人员能够在最短时间内得到专业救治，最大限度减少人员伤亡与事故损失。

四、大数据驱动的安全决策与管理优化

智能化安全管理系统在长期运行过程中积累了海量的实验室安全数据，包括环境监测数据、设备运行数据、人员操作数据以及事故记录等。通过运用大数据分析技术与数据挖掘算法，高校实验室安全管理部门能够从这些数据中提取有价值的信息，深入了解实验室安全管理的现状与潜在问题，为制定科学合理的安全决策提供有力支持。

例如，通过对不同类型实验、不同时间段以及不同人员操作的安全数据进行分析，发现实验室安全事故的高发区域、高发时段以及高发实验类型，从而有针对性地加强安全管理措施，如增加特定区域的安全检查频率、优化实验安排避免人员疲劳作业、改进高风险实验的操作规程等。

同时，利用大数据分析还可以对实验室安全管理措施的效果进行评估与预测。通过对比实施安全改进措施前后的事故发生率、违规操作次数、设备故障率等指标，判断措施的有效性，并根据分析结果不断调整与优化安全管理策略，实现实验室安全管理的持续改进与闭环管理。

综上所述，智能化安全管理系统的应用将为高校实验室安全管理带来全方位的变革与提升，有效预防安全事故的发生，保障师生生命财产安全与科研教学活动的顺利进行。

第二节　可持续发展与实验室安全的结合

一、设施设备的可持续建设与安全升级

老旧实验室改造：许多高校存在大量建成时间较久的实验室，其基础设施如通风系统、电气系统、给排水系统等可能已无法满足现代实验安全与环保的要求。未来会加大对老旧实验室的改造力度，如更换高效节能的通风设备，像倚世节能科技（上海）有限公司研发的伯努利层流风幕排风柜，既提高了通风效率，又降低了能耗和噪音，增强了实验室的安全性和舒适性。

新实验室的绿色设计与建设：在新建实验室时，从规划设计阶段就融入可持续发展理念，采用环保建筑材料、节能设备以及合理的空间布局，以减少实验室对环境的影响，并为长期的安全运行提供基础保障。例如，设计高效的自然采光和照明系统，以降低能源消耗；合理规划实验流程和设备摆放，减少人员流动和物品运输过程中的安全风险。

二、资源管理的可持续性与安全保障

危险化学品管理：建立完善的危险化学品全生命周期管理体系，从采购、储存、使用到废弃处置，实现全过程的信息化监控和安全管理。通过大数据、物联网等技术，实时掌握危险化学品的库存、使用情况和安全状态，确保其在各个环节的安全可控，防止因化学品泄漏、误用等引发的安全事故，同时提高资源利用效率，减少浪费。

仪器设备维护与共享：加强仪器设备的预防性维护和保养，延长设备使用寿命，降低设备更新频率，这不仅节约了资源，也减少了因设备故障可能导致的安全隐患。此外，推动大型仪器设备的共享共用，提高设备利用率，避免重复购置，实现资源的优化配置，在满足科研教学需求的同时，提升实验室的整

体安全管理水平。

三、人员发展与安全文化的可持续培育

安全教育培训体系的完善：构建长期、系统的安全教育培训体系，涵盖新生入学教育、实验课程教学、科研项目启动等各个环节，使实验室安全意识深入人心。同时，根据不同学科、不同实验类型以及不同人员角色，提供个性化的安全培训课程，如针对化学实验人员的化学品安全培训、针对生物实验人员的生物安全培训等，提高培训的针对性和实效性，培养师生良好的安全习惯和操作规范。

安全文化建设：将安全文化作为校园文化的重要组成部分，通过开展安全知识竞赛、安全演练、安全文化月等活动，营造浓厚的安全文化氛围，使安全理念贯穿于师生的日常学习、工作和生活中。此外，鼓励师生参与实验室安全管理，建立安全奖励机制，对表现优秀的个人或团队进行表彰和奖励，形成全员参与、共同维护实验室安全的良好局面。

四、应急管理与可持续应对机制的建立

应急预案的优化与演练：制定更加科学、完善的实验室应急预案，针对不同类型的安全事故，明确应急处置流程、责任分工和救援措施，并定期组织师生进行演练，提高应急响应能力和协同作战能力。同时，对应急预案进行动态评估和优化，根据实验室的发展变化以及演练中发现的问题，及时调整和完善应急预案，确保其有效性和可操作性。

应急资源的储备与管理：建立可持续的应急资源储备体系，包括应急救援设备、防护用品、急救药品等，确保应急物资的充足、完好和及时更新。同时，加强对应急资源的管理和调配，实现资源的共享共用，提高资源利用效率，在应对突发事件时能够迅速、有效地提供物资保障。

五、与社会可持续发展的协同共进

产学研合作中的安全管理：加强高校与企业、科研机构之间的产学研合作，在推动科技创新和成果转化的同时，注重实验室安全管理的协同与交流。高校实验室可以借鉴企业的先进安全管理经验和技术，提高自身的安全管理水平；企业也可以利用高校的科研资源，共同开展安全技术研发和应用，促进实验室安全管理技术的创新与发展，为社会可持续发展提供有力支撑。

社会责任的履行：高校作为社会的重要组成部分，其实验室安全管理不仅关系到师生的生命财产安全，也关系到社会的稳定和可持续发展。未来高校将更加积极地履行社会责任，加强与政府、社区等的沟通与合作，及时公开实验室安全信息，接受社会监督，共同营造安全、和谐的社会环境。

第三节　国际合作与交流对实验室安全的推动

一、先进理念与技术的引进

引入国际前沿安全管理理念：通过国际合作，高校能够接触并引进国外先进的实验室安全管理理念，如"责任关怀"理念，强调企业和机构在产品全生命周期中对健康、安全和环境的保护责任。

吸收先进安全技术与设备应用经验：与国际同行的交流合作，可使高校了解到最新的实验室安全技术和设备，以及它们在不同场景下的应用效果。例如，国外高校或科研机构在生物安全实验室中使用的高效空气过滤系统、智能监控设备等，为国内高校实验室的安全设施升级提供了参考，从而提升实验室的安全防护水平，更好地保障师生的安全和实验的顺利进行。

二、安全管理标准与规范的完善

借鉴国际通用安全标准：国际上有许多成熟的实验室安全标准和规范，如国际标准化组织（ISO）制定的相关标准等。高校通过参与国际合作项目或与国际组织、国外高校的交流，能够学习借鉴这些标准，对比自身的安全管理体系，找出存在的差距和不足，进而完善实验室的安全管理制度和操作流程，使实验室安全管理更加规范化、标准化，提高管理效率和质量，降低安全风险。

推动国内安全标准的国际化：在国际合作与交流中，我国高校也可以积极参与国际安全标准的制定和推广工作，分享我国在实验室安全管理方面的成功经验和实践成果，推动国内先进的安全管理标准和规范走向国际化，提升我国在国际实验室安全领域的话语权和影响力。

三、人员素质与能力的提升

拓展安全管理人员的国际视野：国际合作与交流为高校实验室安全管理人员提供了与国外同行交流学习的机会，使他们能够了解到不同国家和地区的实验室安全管理模式、方法和经验，拓宽国际视野，更新管理理念和思维方式，从而更好地应对复杂多变的实验室安全管理挑战。

培养师生的国际化安全意识和技能：通过与国外高校联合开展实验项目、学术交流、学生交换等活动，高校师生有机会接触到国际先进的实验室安全文化和操作规范，培养国际化的安全意识和严谨的科学态度。同时，在交流过程中，师生还可以学习到国外先进的实验技术和安全操作技能，提高自身的专业素养和实践能力，为今后的科研教学工作打下坚实的基础。

四、资源共享与协同合作的加强

实现实验室资源的共享：国际合作可以促进高校之间实验室资源的共享与

互补,包括实验设备、仪器仪表、数据库等。通过共享这些资源,高校可以避免重复建设和资源浪费,提高资源的利用效率,同时也为开展跨学科、跨国界的科研合作提供了有力支持,进一步拓展了实验室的研究领域和应用范围,为实验室安全管理带来新的机遇和挑战。

开展跨国界的安全协同合作:在面对全球性的实验室安全问题时,如生物安全、化学安全等,国际合作与交流能够促进各国高校之间的协同合作,共同开展研究项目、制定应对策略、共享安全信息等。例如,在传染病防控、环境污染监测等领域,各国高校可以联合建立实验室网络,实时共享监测数据和研究成果,共同应对全球性的公共卫生和环境安全挑战,提升全球实验室安全管理的整体水平。

五、风险评估与预警能力的提高

获取国际最新风险评估方法:国际合作使高校能够接触到国际上最新的实验室风险评估方法和技术,如基于大数据分析、人工智能等手段的风险预测模型。这些先进的方法和技术可以帮助高校更准确地识别、评估和预测实验室中的各种安全风险,提前制定相应的防范措施,将安全事故消灭在萌芽状态。

建立国际安全预警机制:通过与国外高校和科研机构建立安全预警信息共享机制,高校可以及时获取国际上实验室安全事故的最新动态和相关信息,了解不同地区、不同类型实验室安全风险的变化趋势,从而及时调整本校的安全管理策略和应急预案,提高应对突发事件的能力和效率,有效降低安全事故可能带来的损失。

附录

附录 1　实验室常用安全标识及使用规范

序号	名称	使用场所	图示	尺寸/cm（长×宽）
标 1	易燃气体	存放有易燃气体（氢气、乙炔、甲烷等）的地点	易燃气体 FLAMMABLE GAS	15×11
标 2	有毒气体	存放有含毒气体的地点	有毒气体 Poisonous Gas	15×11
标 3	危险化学品	存放有危险化学品的地点	危险化学品 Dangerous Chemicals	15×11
标 4	当心爆炸	存放有易爆化学品的地点等	当心爆炸 Caution Explosion	15×11
标 5	当心电离辐射	可能存在电离辐射的场所	当心电离辐射 Caution, ionizing radiation	15×11

附录

续表

序号	名称	使用场所	图示	尺寸/cm(长×宽)
标6	当心激光	存在激光的场所	当心激光 Caution Laser	15×11
标7	当心高温	马弗炉、油浴、沙浴的地方使用	当心高温 Caution High Temperature	15×11
标8	当心高压	高压试验地点等	高压危险 High Voltage	15×11
标9	当心触电	电气设备上等	当心触电 Danger Electric Shock	15×11
标10	生化固废	废弃物分类存放点	注意 NOTICE 生化固废 BIOCHEMICAL SOLID WASTE	15×21
标11	气体状态牌	气瓶表面等	空/使用中/满 8×15cm	15×8.5
标12	必须戴防护眼镜	门口或实验室内	必须戴防护眼镜 MUST WEAR PROTECTIVE GLASSES	15×11

续表

序号	名称	使用场所	图示	尺寸/cm(长×宽)
标13	必须戴防护口罩	门口或实验室内		15×11
标14	必须穿防护服	门口或实验室内		15×11
标15	必须戴防护手套	门口或实验室内		15×11
标16	冰箱不具备防爆功能,易燃易爆物禁止放入	冰箱上		11×15

附录 2 具有致癌性的危化品清单《危险化学品目录》

类别 1A：已知对人类具有致癌可能，化学品分类主要根据人类研究证据。

类别 1B：假定对人类有致癌可能，化学品分类主要依据动物研究证据。

类别 2：根据人类和（或）动物研究得到的证据，但没有充分证据可将该化学品分在类别 1 中。

序号	化学物	危险性类别	备注
1	1,3-丁二烯[稳定的]	致癌性，类别 1A	
2	2,3,4,7,8-五氯二苯并呋喃	致癌性，类别 1A	剧毒
3	2,3,7,8-四氯二苯并对二噁英	致癌性，类别 1A	剧毒
4	2-甲基苯胺	致癌性，类别 1A	
5	2-萘胺	致癌性，类别 1A	
6	4,4'-二氨基-3,3'-二氯二苯基甲烷	致癌性，类别 1A	
7	4,4'-二氨基联苯	致癌性，类别 1A	
8	4-氨基联苯	致癌性，类别 1A	
9	苯	致癌性，类别 1A	
10	粗苯	致癌性，类别 1A	
11	碲化镉	致癌性，类别 1A	
12	碘酸镉	致癌性，类别 1A	
13	多氯二苯并对二噁英	致癌性，类别 1A	
14	多氯二苯并呋喃	致癌性，类别 1A	
15	二(氯甲基)醚	致癌性，类别 1A	
16	二甲肼酸	致癌性，类别 1A	
17	二氧化碳和环氧乙烷混合物	致癌性，类别 1A	
18	氟化镉	致癌性，类别 1A	
19	氟硼酸镉	致癌性，类别 1A	
20	氟铍酸铵	致癌性，类别 1A	
21	氟铍酸钠	致癌性，类别 1A	

续表

序号	化学物	危险性类别	备注
22	镉［非发火的］	致癌性，类别 1A	
23	铬酸钾	致癌性，类别 1A	
24	铬酸钠	致癌性，类别 1A	
25	铬酸铍	致癌性，类别 1A	
26	铬酸铅	致癌性，类别 1A	
27	铬酸溶液	致癌性，类别 1A	
28	环氧乙烷	致癌性，类别 1A	
29	环氧乙烷和氧化丙烯混合物［含环氧乙烷≤30%］	致癌性，类别 1A	
30	甲醛溶液	致癌性，类别 1A	
31	焦砷酸	致癌性，类别 1A	
32	硫化镉	致癌性，类别 1A	
33	硫酸镉	致癌性，类别 1A	
34	硫酸镍	致癌性，类别 1A	
35	硫酸铍	致癌性，类别 1A	
36	硫酸铍钾	致癌性，类别 1A	
37	氯化镉	致癌性，类别 1A	
38	氯化镍	致癌性，类别 1A	
39	氯化铍	致癌性，类别 1A	
40	氯甲基甲醚	致癌性，类别 1A	剧毒
41	氯乙烯［稳定的］	致癌性，类别 1A	
42	煤焦沥青	致癌性，类别 1A	
43	煤焦油	致癌性，类别 1A	
44	铍粉	致癌性，类别 1A	
45	偏砷酸	致癌性，类别 1A	
46	偏砷酸钠	致癌性，类别 1A	
47	氢氧化铍	致癌性，类别 1A	
48	氰化镉	致癌性，类别 1A	剧毒
49	氰化镍	致癌性，类别 1A	
50	氰化镍钾	致癌性，类别 1A	

附录

续表

序号	化学物	危险性类别	备注
51	溶剂苯	致癌性，类别 1A	
52	三碘化砷	致癌性，类别 1A	
53	三氟化砷	致癌性，类别 1A	
54	三氯化砷	致癌性，类别 1A	
55	三溴化砷	致癌性，类别 1A	
56	三氧化二砷	致癌性，类别 1A	剧毒
57	三氧化铬［无水］	致癌性，类别 1A	
58	三乙基砷酸酯	致癌性，类别 1A	
59	砷	致癌性，类别 1A	
60	砷化汞	致癌性，类别 1A	
61	砷化镓	致癌性，类别 1A	
62	砷化氢	致癌性，类别 1A	剧毒
63	砷化锌	致癌性，类别 1A	
64	砷酸	致癌性，类别 1A	
65	砷酸铵	致癌性，类别 1A	
66	砷酸钡	致癌性，类别 1A	
67	砷酸二氢钾	致癌性，类别 1A	
68	砷酸二氢钠	致癌性，类别 1A	
69	砷酸钙	致癌性，类别 1A	
70	砷酸汞	致癌性，类别 1A	
71	砷酸钾	致癌性，类别 1A	
72	砷酸镁	致癌性，类别 1A	
73	砷酸钠	致癌性，类别 1A	
74	砷酸铅	致癌性，类别 1A	
75	砷酸氢二铵	致癌性，类别 1A	
76	砷酸氢二钠	致癌性，类别 1A	
77	砷酸锑	致癌性，类别 1A	
78	砷酸铁	致癌性，类别 1A	
79	砷酸铜	致癌性，类别 1A	

续表

序号	化学物	危险性类别	备注
80	砷酸锌	致癌性，类别 1A	
81	砷酸亚铁	致癌性，类别 1A	
82	砷酸银	致癌性，类别 1A	
83	石棉［含：阳起石石棉、铁石棉、透闪石石棉、直闪石石棉、青石棉］	致癌性，类别 1A	
84	碳酸铍	致癌性，类别 1A	
85	羰基镍	致癌性，类别 1A	剧毒
86	五氧化二砷	致癌性，类别 1A	剧毒
87	硒化镉	致癌性，类别 1A	
88	硝酸镉	致癌性，类别 1A	
89	硝酸镍	致癌性，类别 1A	
90	硝酸镍铵	致癌性，类别 1A	
91	硝酸铍	致癌性，类别 1A	
92	溴酸镉	致癌性，类别 1A	
93	亚砷酸钡	致癌性，类别 1A	
94	亚砷酸钙	致癌性，类别 1A	剧毒
95	亚砷酸钾	致癌性，类别 1A	
96	亚砷酸钠	致癌性，类别 1A	
97	亚砷酸钠水溶液	致癌性，类别 1A	
98	亚砷酸铅	致癌性，类别 1A	
99	亚砷酸锶	致癌性，类别 1A	
100	亚砷酸锑	致癌性，类别 1A	
101	亚砷酸铁	致癌性，类别 1A	
102	亚砷酸铜	致癌性，类别 1A	
103	亚砷酸锌	致癌性，类别 1A	
104	亚砷酸银	致癌性，类别 1A	
105	亚硝酸镍	致癌性，类别 1A	
106	氧化镉［非发火的］	致癌性，类别 1A	
107	氧化铍	致癌性，类别 1A	

附录

续表

序号	化学物	危险性类别	备注
108	氧氯化铬	致癌性，类别 1A	
109	乙酸铍	致癌性，类别 1A	
110	乙酰亚砷酸铜	致癌性，类别 1A	
111	重铬酸铵	致癌性，类别 1A	
112	重铬酸钡	致癌性，类别 1A	
113	重铬酸钾	致癌性，类别 1A	
114	重铬酸锂	致癌性，类别 1A	
115	重铬酸铝	致癌性，类别 1A	
116	重铬酸钠	致癌性，类别 1A	
117	重铬酸铯	致癌性，类别 1A	
118	重铬酸铜	致癌性，类别 1A	
119	重铬酸锌	致癌性，类别 1A	
120	重铬酸银	致癌性，类别 1A	
121	重质苯	致癌性，类别 1A	
122	左旋溶肉瘤素	致癌性，类别 1A	
123	1,2,3-三氯丙烷	致癌性，类别 1B	
124	1,2-二甲基肼	致癌性，类别 1B	剧毒
125	1,2-二溴乙烷	致癌性，类别 1B	
126	1-氯-2,3-环氧丙烷	致癌性，类别 1B	
127	4-氯邻甲苯胺盐酸盐	致癌性，类别 1B	
128	N-四氯乙硫基四氢酞酰亚胺	致癌性，类别 1B	
129	N-亚硝基二甲胺	致癌性，类别 1B	
130	α,α-二氯甲苯	致癌性，类别 1B	
131	八溴联苯	致癌性，类别 1B	
132	丙烯酰胺	致癌性，类别 1B	
133	碘酸铅	致癌性，类别 1B	
134	多氯联苯	致癌性，类别 1B	
135	蒽油乳膏	致癌性，类别 1B	
136	蒽油乳剂	致癌性，类别 1B	

续表

序号	化学物	危险性类别	备注
137	二甲氨基甲酰氯	致癌性，类别 1B	
138	二氧化铅	致癌性，类别 1B	
139	氟化铅	致癌性，类别 1B	
140	氟硼酸铅	致癌性，类别 1B	
141	氯乙烯［稳定的］	致癌性，类别 1B	
142	高氯酸铅	致癌性，类别 1B	
143	硅酸铅	致癌性，类别 1B	
144	硫酸二甲酯	致癌性，类别 1B	
145	硫酸二乙酯	致癌性，类别 1B	
146	硫酸铅［含游离酸＞3%］	致癌性，类别 1B	
147	六溴联苯	致癌性，类别 1B	
148	氯化苄	致癌性，类别 1B	
149	氰化铅	致癌性，类别 1B	
150	三(2,3-二溴丙磷酸酯)磷酸盐	致癌性，类别 1B	
151	三氯甲苯	致癌性，类别 1B	
152	三氯乙烯	致癌性，类别 1B	
153	十溴联苯	致癌性，类别 1B	
154	双(2-氯乙基)甲胺	致癌性，类别 1B	剧毒
155	四氟化铅	致癌性，类别 1B	
156	四氯化铅	致癌性，类别 1B	
157	四氯乙烯	致癌性，类别 1B	
158	四氧化三铅	致癌性，类别 1B	
159	硒化铅	致癌性，类别 1B	
160	溴甲烷和二溴乙烷液体混合物	致癌性，类别 1B	
161	溴酸铅	致癌性，类别 1B	
162	溴乙烯［稳定的］	致癌性，类别 1B	
163	亚磷酸二氢铅	致癌性，类别 1B	
164	盐酸-3,3'-二甲氧基-4,4'-二氨基联苯	致癌性，类别 1B	
165	氧化苯乙烯	致癌性，类别 1B	

附录

续表

序号	化学物	危险性类别	备注
166	一氧化铅	致癌性，类别 1B	
167	重氮甲烷	致癌性，类别 1B	
168	六氯乙烷	致癌性，类别 2	
169	1,1,1-三氯-2,2-双(4-氯苯基)乙烷	致癌性，类别 2	
170	1,1 二甲基肼	致癌性，类别 2	剧毒
171	1,2,3,4,5,6-六氯环己烷	致癌性，类别 2	
172	1,2-苯二酚	致癌性，类别 2	
173	1,2-二氯乙烷	致癌性，类别 2	
174	1,2-二乙基肼	致癌性，类别 2	
175	1,2-环氧丙烷	致癌性，类别 2	
176	1,2-环氧丁烷	致癌性，类别 2	
177	1,4,5,6,7,8,8-七氯-3a,4,7,7a-四氢-4,7-亚甲基茚	致癌性，类别 2	
178	1,4-二氧杂环己烷	致癌性，类别 2	
179	2,3-环氧-1-丙醛	致癌性，类别 2	
180	2,3-环氧丙基苯基醚	致癌性，类别 2	
181	2,4-二氨基甲苯	致癌性，类别 2	
182	2,4-二硝基甲苯	致癌性，类别 2	
183	2,6-二甲基苯胺	致癌性，类别 2	
184	2,6-二硝基甲苯	致癌性，类别 2	
185	2-丙烯腈[稳定的]	致癌性，类别 2	
186	2-甲基-1,3-丁二烯	致癌性，类别 2	
187	2-甲氧基苯胺	致癌性，类别 2	
188	2-氯-1,3-丁二烯[稳定的]	致癌性，类别 2	
189	2-硝基苯甲醚	致癌性，类别 2	
190	2-硝基丙烷	致癌性，类别 2	
191	3,3'-二氯联苯胺	致癌性，类别 2	
192	3,3'-二甲基-4,4'-二氨基联苯	致癌性，类别 2	
193	3,3'-二甲氧基联苯胺	致癌性，类别 2	
194	3-甲基-6-甲氧基苯胺	致癌性，类别 2	

续表

序号	化学物	危险性类别	备注
195	3-氯-1,2-丙二醇	致癌性，类别2	
196	4,4'-亚甲基双苯胺	致癌性，类别2	
197	4-氯苯胺	致癌性，类别2	
198	4-硝基-2-甲氧基苯胺	致癌性，类别2	
199	4-乙烯-1-环己烯	致癌性，类别2	
200	O,O-二甲基-O-(2,2-二氯乙烯基)磷酸酯	致癌性，类别2	
201	八氯莰烯	致癌性，类别2	
202	苯并呋喃	致癌性，类别2	
203	苯乙烯［稳定的］	致癌性，类别2	
204	丙烯酸乙酯［稳定的］	致癌性，类别2	
205	丙烯亚胺	致癌性，类别2	剧毒
206	短链氯化石蜡（C10-13）	致癌性，类别2	
207	二苯基甲烷二异氰酸酯	致癌性，类别2	
208	二氯甲烷	致癌性，类别2	
209	二氯乙酸	致癌性，类别2	
210	呋喃	致癌性，类别2	
211	氟化钴	致癌性，类别2	
212	氟化亚钴	致癌性，类别2	
213	环烷酸钴［粉状的］	致癌性，类别2	
214	甲苯-2,4-二异氰酸酯	致癌性，类别2	
215	甲苯-2,6-二异氰酸酯	致癌性，类别2	
216	甲苯二异氰酸酯	致癌性，类别2	
217	甲醇汽油	致癌性，类别2	
218	肼水溶液［含肼≤64%］	致癌性，类别2	
219	硫酸钴	致癌性，类别2	
220	六氯苯	致癌性，类别2	
221	铝镍合金氢化催化剂	致癌性，类别2	
222	氯丹	致癌性，类别2	
223	氯化钴	致癌性，类别2	

附录

续表

序号	化学物	危险性类别	备注
224	氯化甲基汞	致癌性，类别 2	
225	氯甲烷和二氯甲烷混合物	致癌性，类别 2	
226	萘	致癌性，类别 2	
227	镍催化剂［干燥的］	致癌性，类别 2	
228	汽油	致癌性，类别 2	
229	羟基甲基汞	致癌性，类别 2	
230	氰化钴（Ⅱ）	致癌性，类别 2	
231	氰化钴（Ⅲ）	致癌性，类别 2	
232	全氯五环癸烷	致癌性，类别 2	
233	三氯甲烷	致癌性，类别 2	
234	十氯酮	致癌性，类别 2	
235	水合肼［含肼≤64%］	致癌性，类别 2	
236	丝裂霉素 C	致癌性，类别 2	
237	四氟乙烯［稳定的］	致癌性，类别 2	
238	四氯化碳	致癌性，类别 2	
239	四氢呋喃	致癌性，类别 2	
240	四硝基甲烷	致癌性，类别 2	剧毒
241	无水肼［含肼＞64%］	致癌性，类别 2	
242	五氯苯酚	致癌性，类别 2	剧毒
243	五氧化二钒	致癌性，类别 2	
244	硝基苯	致癌性，类别 2	
245	硝基苊	致癌性，类别 2	
246	硝基甲烷	致癌性，类别 2	
247	溴酸钾	致癌性，类别 2	
248	盐酸-3,3'-二氯联苯胺	致癌性，类别 2	
249	乙苯	致癌性，类别 2	
250	乙撑亚胺	致癌性，类别 2	剧毒
251	乙撑亚胺［稳定的］	致癌性，类别 2	
252	乙醇汽油	致癌性，类别 2	

续表

序号	化学物	危险性类别	备注
253	乙醛	致癌性，类别2	
254	乙酸乙烯酯［稳定的］	致癌性，类别2	
255	赭曲毒素A	致癌性，类别2	